Hagen Law School

Fachanwaltslehrgänge

Herausgegeben von den Mitgliedern
der Hagen Law School und der FernUniversität in Hagen

Hubertus Schmitte

Landwirtschaftliches Familien- und Erbrecht

BWV • BERLINER WISSENSCHAFTS-VERLAG

Bibliografische Information der Deutschen Nationalbibliothek

Die Deutsche Nationalbibliothek verzeichnet diese Publikation in der Deutschen Nationalbibliografie; detaillierte bibliografische Daten sind im Internet über http://dnb.d-nb.de abrufbar.

ISBN 978-3-8305-3040-4

Der Autor:

Nach dem Studium der Rechtswissenschaften an der Philipps-Universität zu Marburg und der Westfälischen Wilhelms-Universität zu Münster war Hubertus Schmitte zunächst im Rheinischen Landwirtschaftsverband tätig, seitdem im Westfälisch-Lippischen Landwirtschaftsverband, seit 1999 als dessen Justitiar. Im Jahr 2000 Zulassung zur Rechtsanwaltschaft, 2008 Fachanwalt für Erbrecht, 2009 Fachanwalt für Agrarrecht. Lehrbeauftragter an der Fachhochschule Südwestfalen. Sein Tätigkeitsschwerpunkt liegt im Bereich des landwirtschaftlichen Erbrechts und des Agrarrechts allgemein.

Der Autor ist Mitglied in der Deutschen Gesellschaft für Agrarrecht. e. V.

Markgrafenstraße 12–14, 10969 Berlin
E-Mail: bwv@bwv-verlag.de, Internet: http://www.bwv-verlag.de

Inhaltsverzeichnis

Stand dieses Buches: Januar 2012

Teil 1: Agrarspezifische Besonderheiten des Familienrechts

Lernziel

In diesem Teil geht es um die agrarspezifischen Besonderheiten im BGB-Familienrecht. Diese beziehen sich auf die rechtlichen Besonderheiten bei der Zugewinnausgleichsberechnung.

Sie sollten nach Durcharbeitung dieses Teils

- Einzelheiten zu § 1376 Abs. 4 BGB beherrschen, insbesondere
- die Voraussetzungen der Schutzbedürftigkeit eines Betriebs,
- die Vorgehensweise bei der Zugewinnausgleichsberechnung,
- die Ermittlung des Ertragswerts und die Ausnahmen davon sowie
- die Gestaltung einer ehevertraglichen Alternative benennen können.

A. Überblick

Bei Beendigung einer Ehe, die im gesetzlichen Güterstand der Zugewinngemeinschaft bestanden hatte, ist gemäß §§ 1372 ff. BGB ein Zugewinnausgleich durchzuführen. Übersteigt der Zugewinn des einen Ehegatten den Zugewinn des anderen, so steht die Hälfte des Überschusses dem anderen Ehegatten als Ausgleichsforderung zu, § 1378 Abs. 1 BGB. Zugewinn ist der Betrag, um den das Endvermögen eines Ehegatten das – entsprechend der Geldentwertung aufindexierte – Anfangsvermögen übersteigt, § 1373 BGB. Anfangs- und Endvermögen werden in § 1374, 1375 BGB definiert. Wie der Wert des Anfangs- und Endvermögens berechnet wird, bestimmt § 1376 BGB. (Die Methodik der Zugewinnausgleichsberechnung sollten Sie sich ggf. noch einmal vergegenwärtigen.)

Eine Besonderheit für den Bereich der Land- und Forstwirtschaft im Familienrecht stellt § 1376 Abs. 4 BGB dar:

Ein land- oder forstwirtschaftlicher Betrieb, der bei der Berechnung des Anfangsvermögens und des Endvermögens zu berücksichtigen ist, ist mit dem Ertragswert anzusetzen, wenn der Eigentümer nach § 1378 Abs. 1 in Anspruch genommen wird und eine Weiterführung oder Wiederaufnahme des Betriebs durch den Eigentümer oder einen Abkömmling erwartet werden kann; die Vorschrift des § 2049 Abs. 2 ist anzuwenden.

Diese Vorschrift stellt den einzigen Fall dar, in dem die Bewertungsmethode für den Zugewinnausgleich im Gesetz geregelt ist. Sie ist nicht auf die Gütergemeinschaft auszudehnen.[1] Die Regelung bezweckt die Erhaltung landwirtschaftlicher Höfe durch den Ansatz des erheblich geringeren Ertragswerts im Vergleich zum Verkehrswert.

Faktische landwirtschaftliche Besonderheiten ergeben sich darüber hinaus in der Ermittlung des unterhaltsrelevanten Einkommens oder beim Versorgungsausgleich. Dies jedoch aufgrund der Besonderheiten im Tatsächlichen, nicht im Rechtlichen. Die Vorschrift des § 1376 Abs. 4 BGB stellt eine rechtliche Besonderheit der Land- und Forstwirtschaft im Bereich des Familienrechts dar und soll daher nachfolgend Gegenstand der Erörterung sein.

---

[1] *BGH,* FamRZ 86, 776.

B. Ertragswertansatz gem. § 1376 Abs. 4 BGB

Aus der oben zitierten Vorschrift des § 1376 Abs. 4 BGB ergibt sich, dass

- ein schützenswerter land- oder forstwirtschaftlicher Betrieb, der
- bei der Berechnung des Anfangs- und Endvermögens zu berücksichtigen ist, und
- sich eine Ausgleichspflicht des Betriebsinhabers ergibt sowie
- die Weiterführung/Wiederaufnahme des Betriebs zu erwarten ist, zum
- Ertragswert bei der Zugewinnermittlung anzusetzen ist.

I. Schützenswerter land- oder forstwirtschaftlicher Betrieb

Es muss ein *schützenswerter* Betrieb gegeben sein. Die Regelung des § 1376 Abs. 4 BGB dient dem öffentlichen Interesse an der Sicherung der Lebensgrundlagen der Land- und Forstwirte.[2] Dieses öffentliche Interesse ist nur bei leistungsfähigen Betrieben gegeben. Leistungsfähig ist ein Betrieb, wenn er die eingesetzten Produktionsfaktoren Arbeit, eigene Fläche, Eigenkapital angemessen entlohnt.

Ein landwirtschaftlicher Betrieb, der dauerhaft mit einem geringen Gewinn arbeitet, ist nicht schützenswert. Dass der Betrieb im Nebenerwerb geführt wird, ist nicht von Bedeutung.[3] Er muss allerdings zu einem wesentlichen Teil zum Lebensunterhalt des Inhabers beitragen. Diesen „wesentlichen Teil“ kann man mit 20 % des Gesamteinkommens des Inhabers ansetzen.

II. Betrieb im Anfangs- und Endvermögen

Die Privilegierung des § 1376 Abs. 4 BGB gilt nur für die landwirtschaftlichen Betriebe, die sowohl im Anfangs- als auch im Endvermögen des Ausgleichsverpflichteten vorhanden sind. Der land- oder forstwirtschaftliche Betrieb muss bereits bei Eintritt des Güterstandes zum Vermögen des Ausgleichsschuldners gehört haben oder bei späterem Erwerb (in der Regel Erbfall oder Hofübergabe im Wege vorweggenommener Erbfolge) gemäß § 1374

---

[2] BVerfGE 67, 368 (367).

[3] *BGH,* NJW 1987, 951.

Abs. 2 BGB dem Anfangsvermögen hinzuzurechnen sein. Bei Beendigung des Güterstandes muss er noch vorhanden sein.

Betriebe, die während der Ehe aus Mitteln der Ehepartner erworben wurden, werden vom Bewertungsprivileg nicht erfasst, da der Zugewinn die gemeinsame Lebensleistung der Ehegatten erfassen soll.[4]

III. Ausgleichspflicht des Betriebsinhabers

§ 1376 Abs. 4 BGB stellt den Ertragswertansatz unter die weitere Voraussetzung, dass der Betriebseigentümer nach § 1378 Abs. 1 in Anspruch genommen wird, also eine Zugewinnausgleichspflicht seinerseits besteht. Der Grund liegt darin, die drohende Gefahr einer Betriebszerschlagung durch die Ausgleichsforderung zu verhindern.

Sofern also der Betriebsinhaber selbst Gläubiger einer Zugewinnausgleichsforderung ist, besteht kein Grund, seinen landwirtschaftlichen Betrieb anders zu behandeln als sonstiges Vermögen, also den Verkehrswert anzusetzen.

Der Zugewinnausgleich ist somit in einem *zweistufigen Verfahren* zu ermitteln:

- Zunächst wird der Betrieb mit seinem Verkehrswert in die Berechnungen eingestellt. Erweist sich der Eigentümer danach als ausgleichsberechtigt, erfolgt keine Wertprivilegierung nach § 1376 Abs. 4 BGB. Das Ergebnis ist so zutreffend. Die Ausgleichsforderung des Eigentümers wird nicht durch eine zusätzliche, niedrigere Ertragswertberechnung weiter aufgestockt.
- Ergibt sich demgegenüber eine Ausgleichspflicht des Betriebsinhabers, muss in einem zweiten Rechenschritt der Betrieb mit dem Ertragswert in die Berechnung eingestellt und festgestellt werden, ob und in welcher Höhe dann der tatsächlich nach § 1376 Abs. 4 BGB ermittelte Ausgleichsanspruch unter Berücksichtigung des Ertragswertes besteht. Führt die Berechnung unter Zugrundelegung des Ertragswertes nun nicht zu einer Ausgleichspflicht des Eigentümers, sondern – umgekehrt – zu einem Ausgleichsanspruch des Betriebsinhabers, ist dies unbeachtlich.

---

[4] *BVerfG*, Agrarrecht 1985, 12 (14).

Das Bewertungsprivileg dient nicht der Begründung von Ausgleichsforderungen, sondern deren Abwehr.[5]

Nur wenn sich eine Ausgleichspflicht des Betriebsinhabers auch bei Zugrundelegung des Ertragswertansatzes ergibt, ist dieser zu wählen. So erfüllt er seine Schutzfunktion, den Betrieb existenzgefährdende Ausgleichsforderungen durch Reduzierung zu vermeiden.

IV. Fortführung/Wiederaufnahme

Die Fortführung oder Wiederaufnahme des Betriebs muss durch den Eigentümer oder einen Abkömmling zu erwarten sein. Ein entfernter Verwandter reicht nicht aus. Die Weiterführung/Wiederaufnahme ist nach objektiven Gesichtspunkten zu beurteilen. Die Anforderungen dürfen allerdings nicht überspannt werden. Trotz des Verkaufes von totem Inventar und der Verpachtung der landwirtschaftlichen Flächen können die Voraussetzungen für die privilegierte Bewertung vorliegen, soweit die Möglichkeit einer Bewirtschaftung des Hofes in Zukunft nicht auszuschließen ist.[6] Insoweit ist eine Prognoseentscheidung zu treffen. Indizwirkung haben das Vorhandensein, Art und Umfang einer Hofstelle, Inventar und Grundflächen, die einen nach wirtschaftlichen Gesichtspunkten ausgerichteten Betrieb ermöglichen. Die Verpachtung des Betriebes auf 12 Jahre wurde für unschädlich gehalten, weil ein übernahmebereiter Abkömmling vorhanden war und der Eigentümer selbst den Betrieb aus gesundheitlichen Gründen nicht weiterführen konnte.[7]

V. Ertragswertansatz

§ 1376 Abs. 4 bestimmt den Ertragswert selbst nicht, sondern verweist auf die Vorschrift des § 2049 Abs. 2 BGB. Danach gilt:
Der Ertragswert bestimmt sich nach dem Reinertrag, den das Landgut nach seiner bisherigen wirtschaftlichen Bestimmung bei ordnungsmäßiger Bewirtschaftung nachhaltig gewähren kann.

---

5 BT-Drucksache 12/7134, 7.

6 *BVerfG,* FamRZ, 1989, 939 f.

7 *OLG Oldenburg,* NJW-RR 1992, 464.

1. Reinertrag

Der Ertragswert ist also aus dem Reinertrag zu entwickeln. Dieser bestimmt sich nach dem Ertrag, den der Betrieb nach seiner bisherigen wirtschaftlichen Bestimmung bei ordnungsgemäßer Bewirtschaftung nachhaltig erzielt. Wie dies konkret zu erfolgen hat, bestimmt die Norm nicht.

Der Reinertrag ist zeitnah zum Erbfall und konkret bezogen auf den individuellen Betrieb zu ermitteln. Einigkeit besteht darin, dass der Reinertrag nach objektiven Maßstäben unter Beachtung betriebswirtschaftlicher Grundsätze zu bestimmen ist. In der Regel wird dafür die Einschaltung eines Sachverständigen notwendig sein. Er ist verpflichtet, sich anerkannter Methoden zu bedienen. Anerkannt sind die

- Gewinn-/Verlustrechnung (= Ertrags-Aufwands-Rechnung) und die
- Deckungsbeitragsrechnung.

Die Gewinn- und Verlustrechnung ist geeignet bei buchführenden Betrieben. Sie ermitteln jährlich den betriebswirtschaftlichen Unternehmensgewinn. Angezeigt ist es, mehrere Jahre zu betrachten, um nicht außergewöhnliche Umstände einzubeziehen.

Die Deckungsbeitragsrechnung legt den Deckungsbeitrag pro Flächen- und/oder Tiereinheit zugrunde, der sich aus Statistiken ergibt. Diese werden mit den Daten des individuellen Betriebs multipliziert, um so den Gesamtdeckungsbeitrag zu ermitteln.

Stets ist das gesamte Betriebseinkommen zu ermitteln, nicht nur das aus Landwirtschaft generierte. So sind z. B. Einnahmen aus Vermietung und Verpachtung, aus staatlichen Direktzahlungen, aus Nebenbetrieben, aus dem Nutzwert der Betriebsleiterwohnung zuzusetzen. Abzuziehen sind Fremdlöhne, aber auch der Lohnansatz für den Betriebsleiter und seine mithelfenden, nicht entlohnten Familienmitglieder. Auch betriebsnotwendiger Kapitalbedarf sowie betrieblich veranlasste Steuern (z. B. Grundsteuer, nicht aber Einkommensteuer) sind mindernd zu berücksichtigen.[8]

---

[8] Ausführlich: *Dingerdissen* in Frieser, Fachanwaltskommentar Erbrecht, 2. Auflage, § 2049, RZ. 34 ff., und *Netz,* Grundstücksverkehrsgesetz, S. 679 ff.

2. Multiplikatoren

Der Ertragswert wird durch die Vervielfältigung des nachhaltig erzielbaren, jährlichen Reinertrags mit einem Multiplikator ermittelt. Aufgrund der Ermächtigung in Artikel 137 EGBGB haben einige Länder diesen Multiplikator festgelegt. In den Ländern, in denen es keine gesetzlichen Regelungen gibt, wird aus betriebswirtschaftlicher Sicht der Multiplikator 18 für angemessen gehalten, da damit der langfristige, maßgebliche Zinssatz mit 5,5 % zugrunde gelegt wird. Demnach gelten folgende Multiplikatoren:[9]

- Baden-Württemberg: 18
- Bayern: 18
- Berlin-West: 25
- Berlin-Ost: 18
- Brandenburg: 18
- Bremen: 25
- Hamburg: 18
- Hessen: 25
- Mecklenburg-Vorpommern: 18
- Niedersachsen: 17
- Nordrhein-Westfalen: 25
- Rheinland-Pfalz: 25
- Saarland: 25
- Sachsen, Sachsen-Anhalt, Schleswig-Holstein, Thüringen: 18

Kann auch bei ordnungsgemäßer Bewirtschaftung nur ein negativer Ertragswert ermittelt werden, spricht dies dafür, dass kein leistungsfähiger und damit kein schützenswerter Betrieb im Sinne von § 1376 Abs. 4 BGB vorliegt. Jedoch ist in diesen Fällen zu prüfen, ob der Lohnansatz des Betriebsleiters und seiner Familienangehörigen, der aus betriebswirtschaftlichen Gründen beim Reinertrag zu berücksichtigen ist, zu hoch gewählt ist. Ganz unberücksichtigt darf er aber nicht bleiben.[10] Als Kompromiss wird in diesen

---

9 *Dingerdissen,* a. a. O., Rz. 44; *Piltz,* Bewertung landwirtschaftlicher Betriebe bei Erbfall usw., 1999.

10 *OLG Koblenz,* Agrarrecht 1988, 45 (46).

Fällen vorgeschlagen, den Mietwert der Betriebsleiterwohnung und die bei der Verpachtung des Betriebes erzielbare Nettopacht als Mindestreinertrag zugrunde zu legen.[11] Zuzugeben ist aber, dass in diesem Bereich die Leistungsfähigkeit des Betriebes (s. o., B.I.) nur noch mit Mühe argumentiert werden kann.

---

[11] *Fassbender,* Agrarrecht 1998, 188 (191).

C. Ausnahmen vom Ertragswertansatz

Selbst in den Fällen, in denen der landwirtschaftliche Betrieb dem Bewertungsprivileg des § 1376 Abs. 4 BGB unterfällt, sind bestimmte Vermögenswerte von der Ertragswertberechnung auszunehmen und mit dem tatsächlichen Verkehrswert in das Anfangs- und Endvermögen einzustellen.

Werden bestimmte Grundstücke während der Ehe zu Bauland/ Bauerwartungsland oder zu Bodenschatz-Ausbeutungsflächen, sind sie aus der Ertragswertberechnung sowohl beim Anfangs- als auch beim Endvermögen herauszunehmen und stattdessen zu beiden Stichtagen mit dem Verkehrswert zu berücksichtigen. Dies kann im Einzelfall zu beträchtlichen Wertsteigerungen und entsprechend hohen Zugewinnausgleichsansprüchen führen.

Langfristig verpachtete Grundstücke, z. B. für Golf- oder Campingplätze, sind nicht betriebsnotwendig und fallen daher aus der Ertragswertberechnung heraus.

Nach der Eheschließung hinzuerworbene landwirtschaftliche Nutzflächen sind ebenfalls nicht mit dem Ertragswert anzusetzen, da sie im Anfangsvermögen nicht zu berücksichtigen sind. Sie sind im Endvermögen mit dem Verkehrswert anzusetzen. Eine Ausnahme gilt nur dann, wenn der Flächenzukauf nur zu einer unwesentlichen Betriebsvergrößerung (bis zu 5 %) führte (normale Betriebsentwicklung) oder lediglich dem betriebsnotwendigen Ausgleich anderer, gleichwertiger Flächen diente, die verkauft wurden.

Nach der Eheschließung erworbene sonstige Betriebsausstattungen, Zubehör und Inventar werden nicht gesondert nach dem Verkehrswert berücksichtigt, sondern fließen in die betriebsbezogene Ertragswertberechnung ein. Ist der Betrieb dadurch jedoch nicht nur umgestellt, sondern wesentlich beschränkt oder erweitert worden, z. B. grundlegende Verminderung oder Vermehrung des Viehbestandes, Veräußerung oder Erwerb überdimensionierter Maschinen oder Anlagen, so werden solche Betriebsveränderungen nicht mehr angemessen durch die reine Ertragsbewertung abgebildet. Die von der Veränderung betroffenen Gegenstände sind daher im Anfangs- bzw. Endvermögen mit dem Verkehrswert anzusetzen.[12]

---

12 Münchner Kommentar/*Gernhuber,* § 1376, Rz. 38.

Ebenfalls fallen aus der Ertragswertung für den laufenden Betrieb nicht mehr benötigte Vermögensbestandteile heraus, z. B. ehemalige Altenteilerhäuser oder umgebaute Wirtschaftsgebäude, die anderweitig vermietet wurden. Sie sind mit ihrem Verkehrswert in Ansatz zu bringen. Selbiges gilt für selbstständige, zumeist gewerbliche Nebenbetriebe, die allenfalls lose neben dem landwirtschaftlichen Betrieb stehen. Beispielsweise Brennereien, Zuckerfabriken oder Camping- oder Golfplätze. In die Ertragswertberechnung einzubeziehen sind hingegen unselbstständige landwirtschaftliche Nebenbetriebe, die eine enge Verbindung zum landwirtschaftlichen Hauptbetrieb haben. Beispiele: Maschinendienstleistungen, Direktvermarktung, Hofläden, Ferienwohnungen.[13]

Werden die o. g. Vermögensbestandteile nicht mit dem Ertragswert, sondern mit dem höheren Verkehrswert in Ansatz gebracht, stellt sich die Frage, ob die latente Steuerlast vom Verkehrswert abzuziehen ist.

Latente Steuern sind solche, die voraussichtlich künftig durch die Aufdeckung stiller Reserven entstehen. Dies kann bei der Veräußerung einzelner Vermögensbestandteile oder des gesamten Betriebes geschehen.

Abzusetzen sind die latenten Steuern, wenn ein Unternehmen mit dem Liquidationswert bewertet wird.[14] Beispielsweise wird der Liquidationswert/Verkehrswert angesetzt, wenn ein Betrieb nicht schützenswert ist. Selbiges gilt, wenn eine Wiederaufnahme der Bewirtschaftung nicht gewollt und/oder wirtschaftlich nicht sinnvoll ist.[15]

---

13 Weitere Beispiele bei: *Schmitte/Thies/Niebuhr,* top agrar 2003, 48 ff.

14 *BGH,* FamRZ 1989, 1279.

15 *Dingerdissen,* a. a. O., Rz. 42.

D. Gestaltung des „landwirtschaftlichen Ehevertrages"

Um den besonderen Verhältnissen in der Landwirtschaft im Einzelfall Rechnung zu tragen, ist der Abschluss eines Ehevertrages bei Landwirtsehepaaren besonders zu empfehlen. Zwar unterliegen diese Verträge einer umfassenden Inhaltskontrolle,[16] jedoch bezieht der *BGH* dies vorrangig auf den Kernbereich des Scheidungsfolgenrechts. Dazu zählt er in erster Linie den Betreuungs-, Krankheits- und Altersunterhalt sowie mit gewissen Einschränkungen den Versorgungsausgleich. Der Zugewinnausgleich erweist sich demgegenüber einer ehevertraglichen Disposition am weitesten zugänglich.[17]

Wegen des Bewertungsprivilegs zugunsten des Erhalts des landwirtschaftlichen Betriebes bestehen vielfach bei dem einheiratenden Ehegatten, in der Regel der Ehefrau, erhebliche Bedenken hinsichtlich der eigenen Absicherung im Falle der Scheidung. Somit ist Landwirtseheleuten eine *Modifizierung der Zugewinngemeinschaft* zu empfehlen, um einen gerechten Interessenausgleich zu ermöglichen. Daher nachfolgend einige aus der Praxis herrührende Vorschläge betreffend die Zugewinnberechnung des Hofesvermögens und den Ausgleich des einheiratenden Ehegatten.

I. Das Hofesvermögen

- Zum Teil wird geregelt, das landwirtschaftliche Betriebsvermögen im steuerrechtlichen Sinne bei der Zugewinnberechnung gänzlich auszuklammern, den Hof also weder im Anfangs- noch im Endvermögen zu berücksichtigen.
- In jedem Fall sollte genau definiert werden, was zum Hofesvermögen gerechnet wird, insbesondere wenn Nebenbetriebe, Windkraft-, Biogasanlagen etc. vorhanden sind.
- Denkbar ist auch, das Ertragswertverfahren zwar beizubehalten, jedoch ausdrücklich zu vereinbaren, dass der gesamte landwirtschaftliche Betrieb einschließlich Bauland, Zu- und Ersatzkäufen von Grund und Boden, mit in diesem Verfahren zu bewerten. Ansonsten würde nach der

---

[16] *BGH,* Urt. v. 11. Februar 2004, FamRZ 2004, 601 ff.

[17] *BGH,* FamRZ 2005, 1446.

oben beschriebenen gesetzlichen Regelung das Ertragswertverfahren insoweit nicht zur Anwendung kommen (vgl. C.).

Die wesentliche Idee bei den o. g. Regelungen zum Zugewinnausgleich beim Hofesvermögen besteht darin, die kosten- und zeitaufwendige gutachterliche Ertragsbewertung des Betriebes zu vermeiden. Auch sollen Verkehrswertsteigerungen, die durch Baulandausweisungen oder Zu- oder Abverkäufe entstanden sind, nicht berücksichtigt werden.

II. Ausgleich zugunsten des einheiratenden Ehegatten

Im Gegenzug muss ein pauschaler Zugewinnausgleich als Kompensation für den einheiratenden Ehegatten vereinbart werden.

- Verbreitet ist dabei, dass je nach Dauer der Ehe und je nach Umfang der Mitarbeit auf dem Hof ein am durchschnittlichen Jahresgewinn des landwirtschaftlichen Betriebes orientierter Ausgleich gezahlt wird. Beispiel:
  - bis 4 Ehejahre: kein Zugewinnausgleich;
  - bis 8 Ehejahre: Zugewinnausgleich in Höhe des x-fachen durchschnittlichen Jahresgewinns der letzten 5 Jahre;
  - bis 12 Ehejahre: x-facher durchschnittlicher Jahresgewinn der letzten 5 Jahre;
  - längere Ehedauer: x-facher durchschnittlicher Jahresgewinn der letzten 5 Jahre.
- Andere Eheleute vereinbaren, dass sich der landwirtschaftliche Betrieb für die Berechnung des Zugewinnausgleichs pro Jahr (oder pro Monat der Ehedauer) pauschal um einen bestimmten Wert erhöhen soll. Dies hat zur Folge, dass einerseits die umständliche Sachverständigenbewertung des Hofes vermieden wird, andererseits aber dennoch – im Sinne des einheiratenden Ehegatten – im Hofesvermögen ein ausgleichspflichtiger Zugewinn entstanden ist.
- Wieder andere Eheleute vereinbaren nicht einen pauschalen Zugewinnausgleich, sondern den Abschluss einer Kapitallebensversicherung zugunsten des einheiratenden Ehegatten. Diese Versicherung bleibt dann – im Gegenzug für die ganze oder teilweise Herausnahme des Hofes vom Zugewinnausgleich – bei der Zugewinnberechnung ebenfalls unberücksichtigt. Sollten die Beitragszahlungen nicht vollständig erfolgen, steht

dem einheiratenden Ehegatten gegen den Hofbesitzer ein Zahlungsanspruch in Höhe des Fehlbetrages zu.

- Auch ist möglich, dass klargestellt wird, dass jedenfalls der einheiratende Ehegatte nicht zugewinnausgleichspflichtig wird. Es kann nämlich durchaus sein, dass dieser aufgrund eigener Einkünfte einen höheren Zugewinn erwirtschaftet und daher dem Hofeigentümer ausgleichspflichtig wäre. Mit einer solchen ehevertraglichen Regelung wäre gewährleistet, dass nicht der einheiratende Ehegatte dem Hofeigentümer einen Ausgleich erbringen muss.

E. Berechnungsbeispiel

Fall:

Eheleute Meier leben im Güterstand der Zugewinngemeinschaft. Die Ehe wurde am 1. März 1985 geschlossen. Herr Meier betreibt einen landwirtschaftlichen Betrieb in NRW, den er im Jahre 1990 von seinem Vater im Wege vorweggenommener Erbfolge durch Übergabevertrag zu Eigentum erhalten hat. Zu diesem Zeitpunkt hatte der Hof eine Größe von 20 ha. Im Jahre 1995 veräußerte Herr M. ein 5.000 m² großes Teilstück des Hofes für Baulandzwecke. Er erzielte einen Erlös von 20 €/m². Ursprünglich war die Parzelle nur 2 €/m² wert. Von dem Erlös wurde Ersatzland von 4 ha erworben.

Im Jahr 2008 wurde die Ehe aufgrund eines Antrags vom 1. November 2007 geschieden. Das Anfangsvermögen der Eheleute betrug 1985 (aufindexiert auf 2007) nur je 5.000 €, das Endvermögen betrug bei Herrn M. – neben dem Hof – 30.000 €, bei Frau M. 10.000 €. Der Hof hatte bei Eheanfang einen jährlichen – bereits aufindexierten – Reinertrag von 5.000 €, bei Eheende von 6.000 €. Ohne die fragliche Baulandparzelle war der Reinertrag des Hofes bei Eheanfang mit 4.900 €, bei Eheende mit 5.200 € jährlich anzusetzen.

Der Verkehrswert des Hofes belief sich bei Eheanfang auf 600.000 € (20 ha × 2 €/m² + 200.000 € Hofstelle). Bei Eheende auf 787.500 € (23,5 ha × 2,50 € + 200.000 € Hofstelle).

Besteht ein Zugewinnausgleichsanspruch? In welcher Höhe?

Lösung:

1. Zugewinn des Ehemanns:

a) Vermögen bei Eheanfang:

- 5.000 € Barvermögen
- 10.000 € späteres Bauland (5.000 m² × 2 €/m²)
- Hof: 122.500 € (4.900 €/Jahr × 25)

gesamt: 137.500 €

b) Eheende:

- 30.000 € Barvermögen
- 100.000 € Baulandfläche (5.000 × 20 €/m²)
- Hof: 130.000 € (5.200 €/Jahr × 25)

gesamt: 260.000 €

c) Zugewinn: 122.500 €

2. Zugewinn der Ehefrau:

a) Vermögen bei Eheanfang:

– 5.000 € Barvermögen

b) Eheende:

– 10.000 € Barvermögen

c) Zugewinn: 5.000 €

3. Zugewinnausgleich: 58.750 €, zu zahlen von dem Ehemann an die Ehefrau ((122.500 − 5.000) ÷ 2).

Hinweise:

– Aufgrund der Tatsache, dass eine Hofesfläche als Bauland veräußert wurde, wird sie im Anfangsvermögen nicht mit dem Ertragswert, sondern mit dem Verkehrswert angesetzt (10.000 €). Es ist daher der Ertragswert des Hofes bei Eheanfang unberücksichtigt von dieser späteren Baulandparzelle zu ermitteln, also der jährliche Reinertrag ohne Baulandparzelle heranzuziehen (4.900 €). Demgemäß ist auch im Endvermögen des Ehemannes der Ertragswert ohne diese Baulandparzelle (5.200 € statt 6.000 € jährlich) heranzuziehen.

– Bei der Berechnung des Zugewinnausgleichsanspruchs ist – parallel – der Zugewinn unter Berücksichtigung der Verkehrswertsteigerung zu ermitteln. Bei dieser hätte sich hinsichtlich des Hofes ein Zugewinn von 187.500 € ergeben (787.500 € − 600.000 €). Unter Berücksichtigung des Ertragswertprivilegs aus § 1376 Abs. 4 BGB ergibt sich hinsichtlich des Hofes nur eine Steigerung von 97.500 € (7.500 € bzgl. des Ertragswertes des Hofes, 90.000 € bzgl. der Verkehrswertsteigerung der Baulandparzelle). Da dies günstiger ist, kann sich der zugewinnausgleichsverpflichtete Ehemann auf das Ertragswertprivileg berufen.

Teil 2: Agrarspezifische Besonderheiten des Erbrechts

Lernziel

Dieser Teil befasst sich mit den agrarspezifischen Besonderheiten des Erbrechts. Konkret geht es um die landwirtschaftlichen Sondererbrechte.

Wenn Sie diesen Teil des Lehrbriefs durchgearbeitet haben, sollten Sie folgende Fragen beantworten können:

- Welche wesentlichen landwirtschaftlichen Sondererbrechte gibt es, welches Ziel wird damit verfolgt?
- Was ist ein Landgut? Wie wird der Ertragswert ermittelt?
- Wann kommt eine Zuweisung nach Grundstücksverkehrsgesetz in Betracht? Wie ist der Gang des Zuweisungsverfahrens?
- Wie wird die Abfindung bzw. Nachabfindung nach Grundstücksverkehrsgesetz ermittelt?
- Was ist ein Hof im Sinne der Höfeordnung? Wie kann die Hofeigenschaft entfallen?
- Wie berechnen sich die Abfindung und die Nachabfindung nach Höfeordnung?
- Welche weiteren Anerbenrechte bestehen?
- Welche verfahrensrechtlichen Besonderheiten bestehen im agrarspezifischen Erbrecht?

A. Überblick

Die agrarspezifischen Besonderheiten des Erbrechts sind Ausfluss des gesetzgeberischen Ziels, lebens- und leistungsfähige selbstständige bäuerliche Familienbetriebe zu erhalten und die Zerschlagung solcher Betriebe nach einem Erbfall zu vermeiden. Diese Zielsetzung steht auch im Einklang mit der heutigen Agrarpolitik, die die Versorgung der Bevölkerung mit gesunden Nahrungsmitteln, die Lieferung von landwirtschaftlichen Rohstoffen für die Energiegewinnung, die Pflege und den Erhalt der Kulturlandschaft und die Stabilisierung des ländlichen Wirtschaftsraums in den Vordergrund stellt. Das landwirtschaftliche Sondererbrecht hat zu diesem Zweck im Kern zwei Ansätze:

- den landwirtschaftlichen Betrieb erbt nur ein Erbe (der Hofeserbe) bzw. er hat ein Übernahmerecht oder er wird ihm zugewiesen,
- die übrigen Miterben (die weichenden Erben) erhalten eine verminderte Abfindungszahlung.

Das landwirtschaftliche Sondererbrecht ist nicht einheitlich geregelt, sondern

- in den Vorschriften der §§ 1515, 2049, 2312 BGB für ein Landgut (Bundesrecht),
- in den §§ 13 ff. Grundstücksverkehrsgesetz für das Zuweisungsverfahren nach Grundstücksverkehrsgesetz (Bundesrecht),
- in der nordwestdeutschen HöfeO (partielles Bundesrecht für die Länder Schleswig-Holstein, Niedersachsen, Hamburg und Nordrhein-Westfalen),
- in verschiedenen Anerbengesetzen (Landesrecht).

Die Privilegierung des Hoferben und die Schlechterstellung der weichenden Erben ist verfassungsgemäß. Sie verstößt nicht gegen Art. 3 Abs. 1, 6 Abs. 1, 14 Abs. 1 Satz 1 GG.[18] Dabei wird vorausgesetzt, dass es sich um einen schützenswerten Betrieb handelt.

Den nachfolgenden Ausführungen zu den Einzelheiten der landwirtschaftlichen Sondererbrechte sei zum besseren Verständnis hinsichtlich der rechtlichen Methodik der Anerbenrechte Folgendes vorausgeschickt:

---

[18] BVerfGE 91, 346, 356; 67, 358, 368; 15, 337; 67, 329, 347; AUR 2006, 390, 391.

Hinsichtlich der „Arbeitsweise“ der Anerbenrechte sind drei Ansätze zu unterscheiden:

I. Die Sondererbfolge

Einige Anerbenrechte (nordwestdeutsche Höfeordnung, rheinland-pfälzische Höfeordnung, württembergisches Anerbengesetz) regeln abweichend vom allgemeinen Erbrecht des BGB, dass der Hof mit dem Erbfall im Wege einer Sondererbfolge unmittelbar einem der Miterben als Hoferben zufällt. Hof und hoffreies Vermögen vererben sich dann als zwei rechtlich selbstständige Vermögensmassen unterschiedlich, der Hof nach Anerbenrecht, der hoffreie Nachlass nach BGB. Dies stellt eine Ausnahme vom Grundsatz der Gesamtrechtsnachfolge dar. Es entstehen zwei rechtlich selbstständige Vermögensmassen und jeder Nachlassteil ist für sich wie ein eigener Nachlass anzusehen.[19]

II. Das Übernahmerecht

Andere Anerbenrechte (BGB-Landguterbrecht, badisches Höfegütergesetz, hessische Landgüterordnung) begründen einen Übernahmeanspruch eines Miterben der Erbengemeinschaft bzw. privilegieren den Miterben, dem ein testamentarisches Übernahmerecht eingeräumt wurde, durch den Ertragswertansatz des Landguts. Dies ist keine Sondererbfolge, sondern eine besondere Form der Erbauseinandersetzung einer Erbengemeinschaft. Durch sie wird die Alleinberechtigung eines Miterben an dem landwirtschaftlichen Betrieb erst nachträglich begründet. Der Hof fällt also bis dahin in den allgemeinen Nachlass, sodass auch die später weichenden Miterben zunächst eine gesamthänderisch gebundene Miterbenstellung am Hof erlangen.[20]

III. Betriebszuweisung

Das Grundstücksverkehrsgesetz schließlich eröffnet mit dem Zuweisungsverfahren die Möglichkeit, auch im Falle einer durch gesetzliche Erbfolge

---

19 *BGH*, 24, 352; *BayObLG*, NJW 1960, 775.

20 *Palandt-Edenhofer*, § 1922, Rz. 10.

entstandenen Erbengemeinschaft, wenn also ein Übernahmerecht nicht durch den Erblasser angeordnet wurde, den Betrieb einem der Miterben zu Alleineigentum zuzuweisen. Rechtssystematisch ist auf vorstehende Ausführungen zum Übernahmerecht hinzuweisen.

B. Landguterbrecht

I. Anwendungsbereich

§ 2049 BGB ordnet an:

(1) Hat der Erblasser angeordnet, dass einer der Miterben das Recht haben soll, ein zum Nachlass gehörendes Landgut zu übernehmen, so ist im Zweifel anzunehmen, dass das Landgut zu dem Ertragswert angesetzt werden soll.

(2) Der Ertragswert bestimmt sich nach dem Reinertrag, den das Landgut nach seiner bisherigen wirtschaftlichen Bestimmung bei ordnungsmäßiger Bewirtschaftung nachhaltig gewähren kann.

1.

Hinterlässt der Erblasser landwirtschaftlichen Grundbesitz/einen landwirtschaftlichen Betrieb, ist dieser – falls nicht eine Alleinerbschaft eines Einzelerben angeordnet wurde – Teil des Gesamthandsvermögens einer Erbengemeinschaft. Wie die Auseinandersetzung der testamentarischen Erbengemeinschaft zu erfolgen hat, richtet sich vorrangig nach dem Willen des Erblassers.

Hat der Erblasser angeordnet, dass der landwirtschaftliche Grundbesitz nur einem der Erben aufgrund einer Teilungsanordnung zufallen soll, oder hat der Erblasser einem der Miterben ein Übernahmerecht eingeräumt, so enthält § 2049 Abs. 1 eine Auseinandersetzungsregel, nach der im Zweifel, also nur dann, wenn sich im Wege der Testamentsauslegung ein anderer Wille des Erblassers nicht feststellen lässt, das Landgut zum Ertragswert angesetzt werden soll.[21]

2.

Ferner wird das Landgutprivileg im BGB-Erbrecht im Pflichtteilsrecht, §§ 2312, 2049 Abs. 2 bei der Bewertung der Pflichtteilsansprüche realisiert, indem auch hier ein Landgut mit dem Ertragswert (statt Verkehrswert) bewertet wird.

---

[21] *Dingerdissen,* a. a. O., § 2049, Rz. 6.

3.

Hat der Erblasser einer pflichtteilsberechtigten Person (§§ 2312 Abs. 3, 2303 BGB) durch Rechtsgeschäft unter Lebenden ein Landgut übereignet, kann eine darin liegende Schenkung Pflichtteilsergänzungsansprüche gem. §§ 2325, 2329 BGB rechtfertigen. Auch hier kann sich der Pflichtteilsergänzungsschuldner auf das Landgutprivileg berufen.

4.

Für den Fall, dass mit dem Tode die fortgesetzte Gütergemeinschaft eintritt, können Ehegatten durch letztwillige Verfügung gem. § 1515 Abs. 1 BGB anordnen, dass ein Abkömmling ein Übernahmerecht an einem Nachlassgegenstand haben soll. Gemäß Abs. 2 kann – falls es sich um ein Landgut handelt – die Bewertung zum Ertragswert nach § 2049 BGB angeordnet werden.

II. Begriff des Landguts

Eine Legaldefinition des Landgutbegriffes gibt es nicht. Jedoch ist die Rechtsprechung des *BGH* unbestritten. Danach ist ein Landgut: eine Besitzung, die eine zum selbstständigen Betrieb der Landwirtschaft einschließlich der Viehzucht und der Forstwirtschaft geeignete Wirtschaftseinheit darstellt und mit den notwendigen und geeigneten Wohn- und Wirtschaftsgebäuden versehen ist, eine gewisse Größe erreicht und für den Inhaber dauerhaft eine selbstständige Nahrungsquelle darstellt.[22]

1.

Landwirtschaft in diesem Sinne ist die Bodenbewirtschaftung und die mit der Bodenbewirtschaftung verbundene Tierhaltung. Dies entspricht den Vorschriften § 585 Abs. 1 BGB, § 1 Abs. 2 Grundstücksverkehrsgesetz und § 1 HöfeO. Danach fallen unter den Begriff der Landwirtschaft insbesondere der Ackerbau, die Wiesen- und Weidenwirtschaft, der erwerbsgärtnerische An-

---

22 *BGH,* FamRZ 2008, 140, 141; BGHZ 98, 375, 377 ff.; *BGH,* NJW 1964, 1414, 1416.

bau von Blumen und Zierpflanzen, der Betrieb von Baumschulen, der Obst- und Weinbau und die Fischerei in Binnengewässern. Die Tierhaltung ist dann Landwirtschaft, wenn sie überwiegend, also zu mehr als 50 %, auf eigener Futtergrundlage basiert.

Auch ein Betrieb, der überwiegend Forstwirtschaft betreibt, kann ein Landgut im Sinne des § 2049 BGB sein.[23]

Das Landgut muss über eine Hofstelle verfügen. Diese besteht aus Wirtschafts- und Wohngebäuden auf dem Grundbesitz. Welche Wirtschaftsgebäude vorhanden sein müssen, richtet sich nach der Art der Bewirtschaftung.

Eine bestimmte (flächenmäßige) Mindestgröße verlangt der Gesetzgeber nicht. Entscheidend ist, ob der Betrieb leistungsfähig ist (dazu unten).

Das Landgut muss eine im Wesentlichen geschlossene rechtliche Einheit bilden.[24] Die Grundstücke können in verschiedenen Grundbüchern eingetragen sein, müssen jedoch im Wesentlichen im Alleineigentum des Erblassers gestanden haben. Miteigentum des überlebenden Ehegatten am Landgut ist unschädlich, wenn diesem der Anteil des Erblassers beim Erbfall zufällt.[25]

Zum Landgut gehören alle Grundstücke, die dem land- und forstwirtschaftlichen Betrieb nachhaltig dienen, einschließlich der wesentlichen Bestandteile der Grundstücke, des Zubehörs, des Inventars, der landwirtschaftlichen Erzeugnisse bis zum Verkauf und des auf dem Betrieb gewonnenen Düngers.[26] Mitgliedschaften und Nutzungs- und Lieferrechte gehören zum Landgut, soweit sie ihm dienen. Das Guthaben auf dem Betriebskonto kann zum Landgut gehören, sofern es für die laufenden Geschäfte notwendig und vorgesehen ist. Grundsätzlich ist aber Geldvermögen kein Landgutzubehör, auch wenn es auf dem Landgut erwirtschaftet worden ist. So ist auch der durch den Verkauf von Betriebsgrundstücken erzielte Kaufpreis nicht Bestandteil des Landguts.[27] Bau- oder Bauerwartungsland und Gewerbegrundstücke gehören zum Landgut, wenn die Flächen noch landwirtschaftlich genutzt werden. Sind aber baureife Flächen oder gewerblich ausbeutbare Flä-

---

23 H. M.: BGHZ 98, 375, 377.

24 *Dingerdissen,* a. a. O., Rz. 19.

25 *BayObLG,* FamRZ 1989, 540.

26 Siehe im Einzelnen: Leitfaden DGAR, Ziffer 3.5.

27 *Dingerdissen,* a. a. O., Rz. 20.

chen für die Bewirtschaftung des Landgutes auf Dauer nicht erforderlich oder lässt sich absehen, dass diese Flächen in Kürze anderen als landwirtschaftlichen Zwecken zugeführt werden, sind sie nicht Teil des Landguts, also mit dem Verkehrswert zu bewerten.[28] Unerheblich ist dann, ob der Erbe die Flächen tatsächlich aus der landwirtschaftlichen Nutzung herausnehmen will. Erforderlich ist nur, dass die Flächen ohne Gefahr für die Lebensfähigkeit des Betriebes herausgelöst werden können (BGH 98, 382, 388). Verbindlichkeiten aus laufenden Geschäften, die der Erblasser über das Betriebskonto abgewickelt hat, sind landgutzugehörig, ebenso auf dem Landgut lastende Altenteilspflichten. Sie sind folglich bei der Ertragswertermittlung zu berücksichtigen.

2.

Ein land- und forstwirtschaftlicher Betrieb ist mehr als die Gesamtheit seiner nutzbaren Grundstücke. Von einem Betrieb kann nur gesprochen werden, wenn die bewirtschafteten Grundstücke und die Hofstelle durch die „organisierende Tätigkeit eines Betriebsleiters“ zu einer Betriebseinheit zusammengefasst sind. Liegt eine solche Betriebseinheit nicht vor (z. B. bei dauerhafter, parzellierter Verpachtung der Grundstücke, Vermietung der Hofstelle, Fehlen von lebendem und totem Inventar), schränkt der BGH aus verfassungsrechtlichen Gründen zugunsten der Pflichtteilsberechtigten den Anwendungsbereich der §§ 2312, 2049 BGB ein. Die Anwendung des Ertragswertprivilegs zulasten der Pflichtteilsberechtigten ist dann nur gerechtfertigt, wenn die Besitzung zur Wiederaufnahme eines leistungsfähigen, landwirtschaftlichen Betriebes geeignet ist und auch die begründete Erwartung besteht, dass der Betrieb durch den Eigentümer oder einen Abkömmling weitergeführt wird.[29] Dasselbe gilt, wenn der Betrieb zwar noch bewirtschaftet wird, aber abzusehen ist, dass er binnen Kurzem nicht mehr als solcher gehalten werden kann.[30]

Diese Rechtsprechung steht im Einklang mit der Rechtsprechung zum Höferecht, wonach eine vom Erblasser veranlasste vorübergehende Be-

---

[28] *BGH,* NJW-RR 1992, 66.

[29] *BGH,* NJW-RR 1992, 770.

[30] *BGH,* RdL 1992, 318.

triebsauflösung für die Hofeigenschaft unbeachtlich ist, wenn die Besitzung zu einem leistungsfähigen Hof wieder angespannt werden kann und dies auch vom Erblasser gewollt war (s. dazu unten, D.II.).

Eine vom Erblasser aus persönlichen Gründen vorgenommene vorübergehende Betriebsauflösung muss somit einer Bewertung als Landgut zum Ertragswert nicht entgegenstehen, wenn die Betriebseinheit durch Wiederanspannen zu einem leistungsfähigen Betrieb wiederhergestellt werden kann und nach dem Willen des Erblassers auch soll.[31] Dabei muss eine realistische, objektive Betrachtung angestellt werden, die ergeben muss, dass die Betriebseinheit aus Mitteln des Betriebes wiederhergestellt und der Betrieb als leistungsfähiger Betrieb fortgeführt werden kann. Nur so ist der Gesetzeszweck, die Erhaltung eines leistungsfähigen landwirtschaftlichen Betriebs in der Hand einer vom Gesetz begünstigten Person zu erreichen.[32] Es ist also zu prüfen, ob ein Wiederanspannen des konkret in Rede stehenden, vom Erblasser nicht mehr betriebenen Landguts nach betriebswirtschaftlichen Grundsätzen aus dessen eigenen Erträgen bezahlt werden kann und der Betrieb dann als Voll- oder Nebenerwerbsbetrieb im Wesentlichen den Unterhalt einer aus den Eltern und zwei Kindern bestehenden bäuerlichen Familie sicherstellen kann.[33]

Ist die Betriebseinheit aufgelöst und ein Wiederanspannen wirtschaftlich nicht sinnvoll, unterliegt der Grundbesitz nicht mehr dem Schutz der §§ 2312, 2049 BGB.[34] Das Gleiche gilt bei einem Betrieb, der zwar beim Erbfall noch bewirtschaftet wurde, bei dem aber abzusehen ist, dass er als landwirtschaftlicher Betrieb nicht mehr gehalten werden kann.[35]

Darlegungs- und beweispflichtig dafür, dass der Betrieb als leistungsfähiger Betrieb fortgeführt werden kann, ist derjenige, der sich auf die Landguteigenschaft beruft.

---

[31] *BGH,* NJW-RR 1992, 770.
[32] *BGH,* a. a. O.
[33] *Dingerdissen,* a. a. O., Rz. 25.
[34] BGHZ 98, 382, 388.
[35] *BGH,* a. a. O.

3.

Hinsichtlich der Leistungsfähigkeit des Betriebs („selbstständige Nahrungsquelle“) ist zu verlangen, dass eine „bäuerliche Durchschnittsfamilie“, die aus den Eltern und zwei minderjährigen Kindern besteht,[36] im Wesentlichen von diesem Betrieb unterhalten werden kann, gleichviel, ob er als Voll- oder Nebenerwerbsbetrieb geführt wird. Dies ist jedenfalls dann nicht mehr erfüllt, wenn die Einkünfte aus dem landwirtschaftlichen Betrieb einschließlich des mietfreien Wohnens unter den Mindestbeträgen der vor Ort geltenden Regelsätze nach dem BSHG liegen.[37]

III. Ertragswert des Landguts

Der Ertragswert eines Landguts ist ein nach betriebswirtschaftlichen Grundsätzen bestimmtes Vielfaches des jährlichen Reinertrages, den das Landgut nach seiner bisherigen wirtschaftlichen Bestimmung bei ordnungsgemäßer Bewirtschaftung nachhaltig gewähren kann, so regelt es § 2049 Abs. 2 BGB.

Hinsichtlich der Einzelheiten kann auf obige Ausführungen zu § 1376 Abs. 4 BGB verwiesen werden (Teil 1, B.V.). § 1376 Abs. 4 BGB verweist auf § 2049 Abs. 2 BGB. Der Ertragswertansatz wurde oben erläutert.

IV. Berechnungsbeispiel

Fall:

Landwirt L ist Eigentümer eines landwirtschaftlichen Betriebs in Bayern. Er ist verheiratet im Güterstand der Zugewinngemeinschaft mit F und hat 3 Kinder, A, B und C. Als er im Januar 2007 verstirbt, hinterlässt er ein Testament, wonach er anordnet, dass A das Recht haben soll, den zum Nachlass gehörenden Hof zu übernehmen, falls er dies wolle. Als weiteren Nachlass hinterlässt er 42.000 €.

Der Hof hat einen Reinertrag von 10.000 € pro Jahr. Ermitteln Sie die Erbansprüche der Miterben. A will den Hof übernehmen, Landguteigenschaft darf unterstellt werden.

---

[36] *OLG Koblenz,* Agrarrecht 1988, 45, 47.

[37] *OLG München,* Agrarrecht 95, 56.

Lösung:

- A hat einen Übernahmeanspruch aufgrund der testamentarischen Anordnung. Handelt es sich um ein Landgut, was hier laut Sachverhalt unterstellt werden kann, wird gemäß § 2049 BGB der Hof bei der Erbauseinandersetzung nur mit dem Ertragswert angesetzt. Der Reinertrag beträgt 10.000 €/Jahr, für Bayern gilt der Multiplikator 18, folglich hat der Hof einen Wert von 180.000 €.
- Der Hof gehört zum Gesamthandsvermögen der Erbengemeinschaft, an ihr sind F mit einer Erbquote von ¼ + ¼ (§ 1931 Abs. 1, 1371 Abs. 1 BGB), A, B und C mit je ⅙ (§ 1924 Abs. 4 BGB) beteiligt. Aufgrund des Übernahmeanspruchs hat A der F 90.000 €, seinen zwei Geschwistern B und C je 30.000 € zu zahlen.
- Der weitere Nachlass von 42.000 € gehört ebenfalls zum Gesamthandsvermögen der Erbengemeinschaft. Bei Auseinandersetzung entfallen auf F 21.000 €, auf A, B und C je 7.000 €.

C. Zuweisungsverfahren nach Grundstücksverkehrsgesetz

I. Anwendungsbereich

Ist im Erbgang ein landwirtschaftlicher Betrieb in das Gesamthandseigentum einer Erbengemeinschaft übergegangen, besteht die Möglichkeit der Zuweisung an einen der Miterben. Es kann so das gesetzgeberische Ziel der Erhaltung landwirtschaftlicher Betriebe in bäuerlicher Hand realisiert werden, indem

- die Zerschlagung des Betriebes verhindert, er stattdessen einem der Miterben zugewiesen wird und
- die übrigen Miterben eine am Ertragswert bemessene Abfindung nebst einem Nachabfindungsanspruch erhalten.

Anwendbar ist das Zuweisungsverfahren nach Grundstücksverkehrsgesetz (§§ 13 ff.) in allen Bundesländern, sofern nicht Spezialregelungen eingreifen, insbesondere die nordwestdeutsche HöfeO (in den Bundesländern Schleswig-Holstein, Hamburg, Niedersachsen, Nordrhein-Westfalen), oder ein landesrechtliches Anerbengesetz (in Rheinland-Pfalz, Baden-Württemberg und Hessen).

II. Zuweisungsgegenstand

§ 13 Grundstücksverkehrsgesetz:

(1) Gehört ein landwirtschaftlicher Betrieb einer durch gesetzliche Erbfolge entstandenen Erbengemeinschaft, so kann das Gericht auf Antrag eines Miterben die Gesamtheit der Grundstücke, aus denen der Betrieb besteht, ungeteilt einem Miterben zuweisen; kann der Betrieb in mehrere Betriebe geteilt werden, so kann er geteilt Einzelnen der Miterben zugewiesen werden. Grundstücke, für die nach Lage und Beschaffenheit anzunehmen ist, dass sie in absehbarer Zeit anderen als landwirtschaftlichen Zwecken dienen werden, sollen von einer Zuweisung ausgenommen werden. Das Gericht hat die Zuweisung auf Zubehörstücke, Miteigentums-, Kapital- und Geschäftsanteile, dingliche Nutzungsrechte u. ä. Rechte zu erstrecken, soweit die Gegenstände zur ordnungsgemäßen Bewirtschaftung des Betriebes notwendig sind.

(2) Das Eigentum an den zugewiesenen Sachen und die zugewiesenen Rechte gehen mit Rechtskraft der gerichtlichen Entscheidung oder, falls in ihr ein späterer Zeitpunkt bestimmt ist, zu diesem Zeitpunkt auf den Miterben über, dem der Betrieb zugewiesen wird (Erwerber).

(3) Die Vorschriften der Absätze (1) und (2) gelten nur, soweit die Sachen und Rechte gemeinschaftliches Vermögen der Erben sind. Auf Reichsheimstätten sind sie nicht anzuwenden.

1. Begriff des landwirtschaftlichen Betriebes

Der Begriff der Landwirtschaft ist in § 1 Abs. 2 Grundstücksverkehrsgesetz legal definiert. Landwirtschaft ist danach die Bodenbewirtschaftung und die mit der Bodennutzung verbundene Tierhaltung, um pflanzliche oder tierische Erzeugnisse zu gewinnen, besonders der Ackerbau, die Wiesen- und Weidewirtschaft, der Erwerbsgartenbau, der Erwerbsobstbau und der Weinbau sowie die Fischerei in Binnengewässern. Ein überwiegend forstwirtschaftlicher Betrieb ist nicht zuweisungsfähig.

War die wirtschaftliche Betriebseinheit beim Erbfall aufgelöst und ist ein Wiederanspannen aus eigenen Mitteln des Betriebes wirtschaftlich nicht darstellbar, scheidet eine Zuweisung ebenfalls aus. Es gelten die oben zum Landgut beschriebenen Grundsätze (B.II.).

2. Durch gesetzliche Erbfolge entstandene Erbengemeinschaft

Gemäß § 13 Abs. 1 Satz 1 Grundstücksverkehrsgesetz muss der landwirtschaftliche Betrieb einer durch gesetzliche Erbfolge entstandenen Erbengemeinschaft „gehören". Ein Zuweisungsverfahren kommt also nicht in Betracht, wenn die Erbengemeinschaft durch testamentarische Anordnung entstanden ist. Nur wenn der Erblasser testamentarisch bestimmt hatte, dass gesetzliche Erbfolge gelten soll, ist die Zuweisung noch zulässig.[38]

---

[38] *BGH,* RdL 63, 265, 266.

3. Weitere Voraussetzungen

a) Antrag

Gemäß § 13 Abs. 1 Grundstücksverkehrsgesetz wird das Gericht nur auf Antrag tätig. Außer dem Miterben, dem der Betrieb zugewiesen werden soll, ist jedes weitere Mitglied der Erbengemeinschaft antragsberechtigt.

Eine Frist für die Antragstellung besteht nicht. Die Erbengemeinschaft darf sich nur nicht über den streitigen Grundbesitz bereits auseinandergesetzt haben.[39]

Die Zuweisung steht in dem pflichtgemäßen Ermessen des Gerichts. Jedoch darf das Gericht eine Zuweisung nur ablehnen, wenn der gesetzliche Zweck des Verfahrens, die Erhaltung eines leistungsfähigen landwirtschaftlichen Betriebs in bäuerlicher Hand, im konkreten Einzelfall nicht erreichbar erscheint.[40]

b) Zuweisungsgegenstand

Nach § 13 Abs. 1 Satz 1 Grundstücksverkehrsgesetz kann das Gericht „die Gesamtheit der Grundstücke, aus denen der Betrieb besteht, ungeteilt einem Miterben zuweisen." § 13 Abs. 1 Satz 3 listet mitzuzuweisende Gegenstände und Rechte auf, wobei die Zuweisung voraussetzt, dass diese Gegenstände zur ordnungsgemäßen Bewirtschaftung des Betriebes notwendig sind.

§ 13 Abs. 3 hebt ausdrücklich hervor, dass die Zuweisungsgegenstände gemeinschaftliches Vermögen der Erben sein müssen, also sich im Gesamthandseigentum der Erbengemeinschaft befinden müssen.

III. Leistungsfähige Hofstelle

> *§ 14 Grundstücksverkehrsgesetz:*
> (1) Die Zuweisung ist nur zulässig, wenn der Betrieb mit einer zur Bewirtschaftung geeigneten Hofstelle versehen ist und seine Erträge ohne Rücksicht auf die privatrechtlichen Belastungen im Wesentlichen zum

---

[39] *Netz,* Grundstücksverkehrsgesetz, S. 629.
[40] *OLG München,* RdL 76, 156, 157.

Unterhalt einer bäuerlichen Familie ausreichen. Erträge aus zugepachtetem Land sind insoweit als Beträge des Betriebes anzusehen, als gesichert erscheint, dass das zugepachtete Land oder anderes gleichwertiges Pachtland dem Erwerber zur Bewirtschaftung zur Verfügung stehen wird.

(2) Die Zuweisung ist ferner nur zulässig, wenn sich die Miterben über die Auseinandersetzung nicht einigen oder eine von ihnen vereinbarte Auseinandersetzung nicht vollzogen werden kann.

(3) Die Zuweisung ist unzulässig, solange die Auseinandersetzung ausgeschlossen oder ein zu ihrer Bewirkung berechtigter Testamentsvollstrecker vorhanden ist oder ein Miterbe ihren Aufschub verlangen kann.

Der Betrieb muss über eine zur Bewirtschaftung geeignete Hofstelle verfügen. Dazu gehört eine angemessene Wohnung für die Familie des Betriebsleiters und die für die ordnungsgemäße Bewirtschaftung erforderlichen Wirtschaftsgebäude. Wohnungseigentum an Gebäuden der Hofstelle kann bereits gegen das Vorliegen einer geeigneten Hofstelle sprechen.[41] Die geeignete Hofstelle muss beim Erbfall und im Zuweisungszeitpunkt vorhanden sein.[42]

Gemäß § 14 Abs. 1 Satz 1 Grundstücksverkehrsgesetz muss der Betrieb so leistungsfähig sein, dass „seine Erträge ohne Rücksicht auf die privatrechtlichen Belastungen im Wesentlichen zum Unterhalt einer bäuerlichen Familie ausreichen". Liegen die Gesamteinkünfte auf Dauer unter den Mindestbeträgen der geltenden Regelsätze nach dem SGB XII, ist der Betrieb nicht zuweisungsfähig.[43]

Nach § 14 Abs. 2 Grundstücksverkehrsgesetz müssen die Miterben eine Auseinandersetzung der Erbengemeinschaft versucht haben oder eine vereinbarte Auseinandersetzung kann nicht vollzogen werden, z. B. weil eine erforderliche Genehmigung nach § 9 Grundstücksverkehrsgesetz versagt worden ist. § 14 Abs. 3 Grundstücksverkehrsgesetz verbietet die Zuweisung, solange die Auseinandersetzung ausgeschlossen ist, beispielsweise auf-

---

41 *OLG Stuttgart,* Agrarrecht 2000, 338.

42 *AG Bitburg,* AUR 2007, 311, 312: sehr lesenswert!

43 *OLG München,* Agrarrecht 95, 56.

grund einer entsprechenden letztwilligen Verfügung des Erblassers, § 2044 BGB.

IV. Erwerber

§ 15 Grundstücksverkehrsgesetz:

(1) Der Betrieb ist dem Miterben zuzuweisen, dem er nach dem wirklichen oder mutmaßlichen Willen des Erblassers zugedacht war. Ist der Miterbe nicht ein Abkömmling und nicht der überlebende Ehegatte des Erblassers, so ist die Zuweisung an ihn nur zulässig, wenn er den Betrieb bewohnt und bewirtschaftet oder mitbewirtschaftet. Die Zuweisung ist ausgeschlossen, wenn der Miterbe zur Übernahme des Betriebes nicht bereit oder zu seiner ordnungsgemäßen Bewirtschaftung nicht geeignet ist.

(2) Diese Bestimmungen gelten für die Zuweisung von Teilen des Betriebs sinngemäß.

Maßgebend für die Zuweisung ist der wirkliche, hilfsweise der mutmaßliche Wille des Erblassers, § 15 Abs. 1 Satz 1 Grundstücksverkehrsgesetz. Dies entspricht den Grundsätzen über die Auslegung einer letztwilligen Verfügung. Lässt sich bei mehreren Bewerbern der Wille des Erblassers zugunsten eines der Miterben nicht ermitteln, ist eine Zuweisung dennoch zulässig.[44] Eine Zuweisung gegen den erklärten oder mutmaßlichen Willen des Erblassers ist allerdings unzulässig, selbst wenn alle Miterben mit der Zuweisung an einen von ihnen einverstanden wären.[45] Eine Zuweisung an mehrere Miterben scheidet aus. Jedoch haben mehrere Miterben selbstverständlich im Rahmen der Auseinandersetzung die Möglichkeit, sich einverständlich über den vermuteten Willen des Erblassers hinwegzusetzen.

Der Erwerber, der gesetzlicher Miterbe sein muss, muss wirtschaftsfähig sein.[46] Er muss nach seinen körperlichen und geistigen Fähigkeiten, nach seinen Kenntnissen und seiner Persönlichkeit in der Lage sein, den von ihm zu übernehmenden Hof selbstständig ordnungsmäßig zu bewirtschaften,

---

[44] *OLG München,* Agrarrecht 1995, 96.

[45] *OLG Stuttgart,* RdL 1966, 78, 79.

[46] *AG Bitburg,* AUR 2007, 311, 313.

insofern gilt das in § 6 Abs. 7 HöfeO Geregelte gleichfalls. Dieser Maßstab gilt für jeden potenziellen Erwerber. Die im Höferecht bestehenden Erleichterungen (vgl. D.III.1.) gelten hier nicht.

V. Abfindung der Miterben und Nachabfindung

1. Abfindung der Miterben

§ 16 Grundstücksverkehrsgesetz:

(1) Wird der Betrieb einem Miterben zugewiesen, so steht insoweit den übrigen Miterben anstelle ihres Erbteils ein Anspruch auf Zahlung eines Geldbetrages zu, der dem Wert ihres Anteils an dem zugewiesenen Betrieb (§ 13 Abs. 1) entspricht. Der Betrieb ist zum Ertragswert (§ 2049 BGB) anzusetzen. Der Anspruch ist bei der Zuweisung durch das Gericht unter Berücksichtigung der folgenden Vorschriften festzusetzen.

(2) Die Nachlassverbindlichkeiten, die zur Zeit des Erwerbes (§ 13 Abs. 2) noch bestehen, sind aus dem außer dem Betriebe vorhandenen Vermögen zu berichtigen, soweit es ausreicht. Ist eine Nachlassverbindlichkeit an einem zum Betriebe gehörenden Grundstück dinglich gesichert, so kann das Gericht auf Antrag mit Zustimmung des Gläubigers festsetzen, dass der Erwerber dem Gläubiger für sie allein haftet. Trifft es eine solche Festsetzung, so ist § 2046 BGB auf diese Verbindlichkeit nicht anzuwenden.

(3) Das Gericht kann die Zahlung der den Miterben nach Abs. 1 zustehenden Beträge auf Antrag stunden, soweit der Erwerber bei sofortiger Zahlung den Betrieb nicht ordnungsgemäß bewirtschaften könnte und dem einzelnen Miterben bei gerechter Abwägung der Lage der Beteiligten eine Stundung zugemutet werden kann. Der Erwerber hat die gestundete Forderung zu verzinsen und für sie Sicherheit zu leisten. Über die Höhe der Verzinsung und über Art und Umfang der Sicherheitsleistung entscheidet das Gericht nach billigem Ermessen. Das Gericht kann die rechtskräftige Entscheidung über die Stundung auf Antrag aufheben oder ändern, wenn sich die Verhältnisse nach der Entscheidung wesentlich geändert haben.

(4) Auf Antrag eines Miterben kann das Gericht bei der Zuweisung festsetzen, dass der Miterbe statt durch Zahlung eines Geldbetrages

ganz oder teilweise durch Übereignung eines bei der Zuweisung bestimmten Grundstücks abzufinden ist. Das Grundstück muss zur Deckung eines Landbedarfs des Miterben benötigt werden und von dem Betrieb abgetrennt werden können, ohne dass die Voraussetzungen des § 14 Abs. 1 wegfallen. Die Veräußerung dieses Grundstücks bedarf nicht der Genehmigung nach diesem Gesetz.

(5) Das Gericht kann auf Antrag eines Miterben bei der Zuweisung festsetzen, dass er durch ein beschränktes dingliches Recht an einem zugewiesenen Grundstück abzufinden ist. Die Festsetzung ist unzulässig, wenn der Erwerber dadurch unangemessen beschwert würde.

Abfindungsberechtigt sind alle gesetzlichen Miterben.

Die Abfindungsberechnung kann dem Wortlaut des § 16 sehr klar entnommen werden. § 16 Abs. 1 Satz 2 verweist auf § 2049 BGB, den Ertragswertansatz. Auf die obigen Ausführungen (B.III. und Teil 1, B.V.) kann daher Bezug genommen werden.

Wichtig ist, dass – trotz Zuweisung des Betriebs an einen der Miterben – die Erben insgesamt als Gesamtschuldner für Nachlassverbindlichkeiten haften. Die Zuweisung als gesetzliche Teilauseinandersetzung ändert daran nichts. Reicht das nach § 16 Abs. 2 Satz 1 noch vorhandene Vermögen nicht aus, die Nachlassverbindlichkeiten zu erfüllen, so werden noch offene Forderungen bei der Ermittlung des Ertragswertes in dem Umfang berücksichtigt, in dem der Erwerber sie übernehmen muss. Sind die Verbindlichkeiten derartig hoch, dass der Betrieb nicht leistungsfähig ist (s. o., III.), scheidet eine Zuweisung aus.

Gemäß § 16 Abs. 3 kann das Gericht die Zahlung der Abfindung auf Antrag stunden. Ziel dabei ist es, den Erwerber zu entlasten, um die geschlossene Fortführung des landwirtschaftlichen Betriebes zu ermöglichen.

Gemäß § 16 Abs. 4 kann das Gericht auf Antrag eines Miterben auch eine Abfindung durch Übertragung von Grundstücken festsetzen, wobei dies nur zulässig ist, wenn das Grundstück zur Deckung eigenen Landbedarfs erforderlich ist (z. B. Gründung oder Aufstockung eines Betriebes, nicht aber Kapitalanlage) und so von dem Betrieb abgetrennt werden kann, dass dieser seine Leistungsfähigkeit nicht verliert, § 16 Abs. 4 Satz 2. Bei der Anrechnung auf die Geldabfindung ist das Grundstück mit seinem Verkehrswert anzusetzen.[47]

Gemäß § 16 Abs. 5 kommt auch eine Abfindung mit dinglichen Rechten in Betracht. Zu denken ist an Altenteilsleistungen, die durch Reallasten und Wohnungsrechte abgesichert werden, in der Regel für den länger lebenden Ehegatten des Erblassers, oder an Nießbrauchsrechte. Der kapitalisierte Verkehrswert dieser Rechte ist auf die Geldabfindung anzurechnen.

2. Nachabfindung

§ 17 Grundstücksverkehrsgesetz:

(1) Zieht der Erwerber binnen 15 Jahren nach dem Erwerb (§ 13 Abs. 2) aus dem Betrieb oder einzelnen zugewiesenen Gegenständen durch Veräußerung oder auf andere Weise, die den Zwecken der Zuweisung fremd ist, erhebliche Gewinne, so hat er, soweit es der Billigkeit entspricht, die Miterben auf Verlangen so zu stellen, wie wenn der in Betracht kommende Gegenstand im Zeitpunkt des Erwerbes verkauft und der Kaufpreis unter den Miterben entsprechend ihren Erbteilen verteilt worden wäre. Ist der Betrieb im Wege der Erbfolge auf einen anderen übergegangen oder hat der Erwerber den Betrieb einem anderen im Wege der vorweggenommenen Erbfolge übereignet, so trifft die entsprechende Verpflichtung den anderen hinsichtlich derartiger Gewinne, die er binnen 15 Jahren nach dem in § 13 Abs. 2 bezeichneten Zeitpunkt aus dem Betriebe zieht.

(2) Die Ansprüche sind vererblich und übertragbar. Sie verjähren in 2 Jahren nach dem Schluss des Jahres, in dem der Berechtigte von dem Eintritt der Voraussetzungen seines Anspruches Kenntnis erlangt, ohne Rücksicht auf diese Kenntnis in 5 Jahren nach dem Schluss des Jahres, in dem die Voraussetzungen des Anspruchs erfüllt sind.

Anspruchsberechtigt nach § 17 Abs. 1 sind die Miterben. Anspruchsbegründend sind

– Grundstücksveräußerungen: Gemeint sind nicht nur rechtsgeschäftliche Übereignungen, sondern auch Eigentumsübergänge durch Zwangsver-

---

[47] *Dingerdissen,* a. a. O., Rz. 84.

steigerung oder Enteignung. Nicht aber durch gesetzliche oder gewillkürte Erbfolge.

- Veräußerung von Gegenständen: z. B. lebendes und totes Inventar, Lieferrechte, Zahlungsansprüche.
- Zuweisungsfremde Nutzung: z. B. Vermietungen zu nichtlandwirtschaftlichen Zwecken, Bestellung von Erbbaurechten, Ausbeutung von Bodenschätzen, etc. Der Tatbestand der zuweisungsfremden Nutzung wird im Interesse der weichenden Erben weit ausgelegt, um deren Vermögensopfer bei der Abfindung nach § 16 zu kompensieren. Zu den einzelnen Nachabfindungstatbeständen kann auf die Rechtsprechung zu § 13 HöfeO verwiesen werden (s. u., D.IV.2.).

Voraussetzung der Nachabfindungspflicht ist ferner eine erhebliche Gewinnerzielung, § 17 Abs. 2 Satz 1. Gewinn ist der Überschuss des Erlöses über den Aufwand. Zum Aufwand rechnen sämtliche dem Erwerber aufgrund der Veräußerung zufallender Kosten und öffentlichen Abgaben, z. B. der Einkommensteuer. Erheblich ist der Gewinn, wenn es sich nicht um eine unerhebliche Bagatellveräußerung/-Nutzungsänderung handelte, was das Gericht im Rahmen des pflichtgemäßen Ermessens unter Berücksichtigung aller Umstände des Einzelfalls zu entscheiden hat, insbesondere unter Berücksichtigung der Größe des Betriebes und der sonstigen Einkünfte. Eine starre Grenze besteht nicht. Ferner hat das Gericht die Umstände, die zur zweckfremden Nutzung geführt haben, zu bedenken, z. B. Schuldentilgung, Reinvestition, eigener Einsatz des Erwerbers zur Erzielung der Gewinne.

§ 17 Abs. 1 Satz 1 regelt die Nachabfindungsfrist von 15 Jahren. Sie beginnt mit dem Erwerb nach § 13 Abs. 2, also mit der Rechtskraft der gerichtlichen Zuweisungsentscheidung bzw. einem gerichtlich festgesetzten späteren Zeitpunkt. „Gezogen" im Sinne von § 17 Abs. 1 Satz 1 sind die Gewinne, sobald der Erwerber einen fälligen Anspruch auf Zahlung hat.[48]

Liegen die Nachabfindungsvoraussetzungen vor, hat der Erwerber „die Miterben auf Verlangen so zu stellen, wie wenn der in Betracht kommende Gegenstand im Zeitpunkt des Erwerbes verkauft und der Kaufpreis unter den Miterben entsprechend ihren Erbteilen verteilt worden wäre", § 17 Abs. 1 Satz 1. Anknüpfungspunkt für die Berechnung ist also nicht der erzielte Ge-

---

48 *Dingerdissen,* a. a. O., Rz. 98.

winn, sondern der Wert des Gegenstandes im Zeitpunkt der Zuweisung. Dieser fiktive Kaufpreis kann daher von dem tatsächlich erzielten Gewinn abweichen. In der Regel wird daher eine sachverständige Begutachtung erforderlich sein, um diesen damaligen Wert zu ermitteln.

Da die Nachabfindung der Billigkeit zu entsprechen hat, sind erhaltene Abfindungen sowie Vorempfänge anzurechnen, was bei Teilveräußerungen oder teilweisen zweckfremden Verwendungen zu einer Teilanrechnung führt.[49]

VI. Berechnungsbeispiel

Fall:

Landwirt Y verstirbt im August 2006 und hinterlässt seine Ehefrau F, mit der er im Güterstand der Zugewinngemeinschaft lebte, und seine zwei Kinder A und B. Der Nachlass besteht aus einem land- und forstwirtschaftlichen Betrieb in Thüringen sowie Barvermögen im Wert von 50.000 €. Der Hof ist mit 25.000 € verschuldet. Eine letztwillige Verfügung wurde nicht erstellt.

A hat eine landwirtschaftliche Ausbildung und würde den Betrieb gerne als Direktvermarkterhof fortführen. Er hat einen jährlichen Reinertrag von 5.000 €. Wie sind die Erbansprüche, wenn A einen Antrag auf Zuweisung des Betriebes stellen und dieser positiv beschieden würde?

Lösung:

- A erhält den Hof gemäß § 13 Grundstücksverkehrsgesetz zugewiesen.
- Zu berechnen sind die Abfindungsansprüche der übrigen Miterben Fund B gemäß § 16 Grundstücksverkehrsgesetz.

Der Hofeswert gemäß § 16 Grundstücksverkehrsgesetz, § 2049 BGB beträgt: 5.000 € (jährlicher Reinertrag) × 18 (Multiplikator Thüringen) = 90.000 €. Schulden werden vom übrigen Nachlass getragen, § 16 Abs. 2 Grundstücksverkehrsgesetz.

Die übrigen Erben erhalten gemäß § 16 Grundstücksverkehrsgesetz entsprechend ihrer Erbquote Abfindungsbeträge von dem Hofüberneh-

---

[49] *Netz,* Grundstücksverkehrsgesetz, S. 711.

mer. Erbquote F: ¼ + ¼ (§§ 1931 Abs. 1, 1371 Abs. 1 BGB), B: ¼ (§ 1924 Abs. 1 BGB). F erhält 45.000 €, B 22.500 €.

– Der übrige Nachlass von (noch) 25.000 € ist Gesamthandsvermögen der Erbengemeinschaft bestehend aus F, A und B. Bei der Auseinandersetzung erhält F 12.500 €, A und B jeweils 6.250 €.

D. Nordwestdeutsche Höfeordnung – Grundzüge und Bedeutung

I. Bedeutung der Höfeordnung

Die HöfeO ist Bundesrecht, welches räumlich beschränkt nur in den Bundesländern Schleswig-Holstein, Hamburg, Niedersachsen und Nordrhein-Westfalen Gültigkeit hat. Von allen Anerbengesetzen ist die HöfeO das Gesetz, das noch mit viel Leben erfüllt ist und eine große praktische Bedeutung innehat. Ihr rechtlicher Kern, nämlich einerseits die Sondererbfolge nur eines Erben, des Hoferben in den Hof, andererseits die Abfindung der weichenden Erben zu dem relativ geringen Hofeswert zum Zwecke der Forterhaltung des Hofes, ist tief im Rechtsempfinden der landwirtschaftlichen Bevölkerung verankert. Die Erforderlichkeit moderner, wachsender Betriebe, zusätzliche wirtschaftliche Standbeine zu finden, führt allerdings zu mannigfaltigen Streitigkeiten im Bereich der Nachabfindung.

Aufgrund der Vielzahl an Rechtsprechung strahlt die HöfeO aus auch in den Bereich des Zuweisungsverfahrens nach dem Grundstücksverkehrsgesetz sowie auf andere Anerbengesetze.

II. Hof im Sinne der HöfeO

§ 1 HöfeO:

(1) Hof im Sinne dieses Gesetzes ist eine im Gebiet der Länder Hamburg, Niedersachsen, Nordrhein-Westfalen und Schleswig-Holstein belegene land- oder forstwirtschaftliche Besitzung mit einer zu ihrer Bewirtschaftung geeigneten Hofstelle, die im Alleineigentum einer natürlichen Person oder im gemeinschaftlichen Eigentum von Ehegatten (Ehegattenhof) steht oder zum Gesamtgut einer fortgesetzten Gütergemeinschaft gehört, sofern sie einen Wirtschaftswert von mindestens 10.000 € hat. Wirtschaftswert ist der nach den steuerlichen Bewertungsvorschriften festgestellte Wirtschaftswert im Sinne des § 46 des Bewertungsgesetzes (...). Eine Besitzung, die einen Wirtschaftswert von weniger als 10.000 €, mindestens jedoch von 5.000 € hat, wird Hof, wenn der Eigentümer erklärt, dass sie Hof sein soll, und wenn der Hofvermerk im Grundbuch eingetragen wird.

(2) Gehört die Besitzung Ehegatten, ohne nach Abs. 1 Ehegattenhof zu sein, so wird sie Ehegattenhof, wenn beide Ehegatten erklären, dass sie Ehegattenhof sein soll, und wenn diese Eigenschaft im Grundbuch eingetragen wird.

(3) Eine Besitzung verliert die Eigenschaft als Hof, wenn keine der in Abs. 1 aufgezählten Eigentumsformen mehr besteht oder eine der übrigen Voraussetzungen auf Dauer wegfällt. Der Verlust der Hofeigenschaft tritt jedoch erst mit der Löschung des Hofvermerks im Grundbuch ein, wenn lediglich der Wirtschaftswert unter 5.000 € sinkt oder keine zur Bewirtschaftung geeignete Hofstelle mehr besteht.

(4) Eine Besitzung verliert die Eigenschaft als Hof auch, wenn der Eigentümer erklärt, dass sie kein Hof mehr sein soll, und wenn der Hofvermerk im Grundbuch gelöscht wird. Die Besitzung wird, wenn sie die Voraussetzungen des Absatzes 1 erfüllt, wieder Hof, wenn der Eigentümer erklärt, dass sie Hof sein soll, und wenn der Hofvermerk im Grundbuch eingetragen wird.

(5) Ein Ehegattenhof verliert diese Eigenschaft mit der Rechtskraft der Scheidung, der Aufhebung oder Nichtigerklärung der Ehe. Bei bestehender Ehe verliert er die Eigenschaft als Ehegattenhof, wenn beide Ehegatten erklären, dass die Besitzung kein Ehegattenhof mehr sein soll, und wenn der die Eigenschaft als Ehegattenhof ausweisende Vermerk im Grundbuch gelöscht wird.

(6) Erklärungen nach den vorstehenden Absätzen können, wenn der Eigentümer nicht testierfähig ist, von dem gesetzlichen Vertreter abgegeben werden. Dieser bedarf hierzu der Genehmigung des Vormundschaftsgerichts. Das Vormundschaftsgericht soll den Eigentümer vor der Entscheidung über die Genehmigung hören.

(7) Wird ein Hofvermerk aufgrund einer Erklärung des Eigentümers oder von Ehegatten eingetragen oder gelöscht, so tritt die dadurch bewirkte Rechtsfolge rückwirkend mit dem Eingang der Erklärung beim Landwirtschaftsgericht ein.

§ 2 HöfeO:

Zum Hof gehören:

a) alle Grundstücke des Hofeigentümers, die regelmäßig von der Hofstelle aus bewirtschaftet werden; eine zeitweilige Verpachtung oder ähnliche vorübergehende Benutzung durch andere schließt die Zugehörigkeit zum Hof nicht aus, ebenso wenig die vorläufige Besitzeinweisung eines anderen in einem Flurbereinigungsverfahren oder einem ähnlichen Verfahren;

b) Mitgliedschaftsrechte, Nutzungsrechte und ähnliche Rechte, die dem Hof dienen, gleichviel ob sie mit dem Eigentum am Hof verbunden sind oder dem Eigentümer persönlich zustehen, ferner dem Hof dienende Miteigentumsanteile an einem Grundstück, falls diese Anteile im Verhältnis zu dem sonstigen, den Hof bildenden Grundbesitz von untergeordneter Bedeutung sind.

§ 3 HöfeO:

Zum Hof gehört auch das Hofeszubehör. Es umfasst insbesondere das auf dem Hof für die Bewirtschaftung vorhandene Vieh, Wirtschafts- und Hausgerät, den vorhandenen Dünger und die für die Bewirtschaftung bis zur nächsten Ernte dienenden Vorräte an landwirtschaftlichen Erzeugnissen und Betriebsmitteln.

1. Hofesbestandteile

Zum Hof gehören

- eine land- und forstwirtschaftliche Besitzung mit einer zur Bewirtschaftung geeigneten Hofstelle, § 1,
- die von der Hofstelle aus bewirtschafteten Grundstücke, ferner verschiedenen Rechte, § 2 und
- das Hofeszubehör, § 3.

Die Zuordnung ist wichtig, weil nicht zum Hof gehöriger Nachlass nicht dem Sondererbrecht der HöfeO unterfällt, sondern den Vorschriften des BGB-Erbrechts. Dies hat entscheidende Auswirkung auf Erbfolge und Abfindungsanspruch.

Hinsichtlich der land- und forstwirtschaftlichen Besitzung, die eine zur Bewirtschaftung geeignete Hofstelle hat, liegt die Hofeseigenschaft vor, wenn der Wirtschaftswert (§§ 45, 47 Bewertungsgesetz) mindestens 10.000 € beträgt, § 1 Abs. 1 Satz 1.

Beträgt der Wirtschaftswert weniger als 10.000 €, aber mindestens 5.000 €, ist die Hofeigenschaft gegeben, wenn der Hofvermerk im Grundbuch eingetragen ist (§ 1 Abs. 1 Satz 3).

Sinkt der Wirtschaftswert unter 5.000 € oder besteht keine zur Bewirtschaftung geeignete Hofstelle mehr, geht die Hofeigenschaft erst mit Löschung des Hofvermerkes verloren, § 1 Abs. 3 Satz 2. Ist bzw. war der Hofvermerk nicht im Grundbuch eingetragen, besteht keine Hofeigenschaft.

Der Hof muss im Alleineigentum einer natürlichen Person oder im gemeinschaftlichen Eigentum von Eheleuten stehen (also Bruchteils- oder Gesamthandseigentum, dann „Ehegattenhof") oder zum Gesamtgut einer fortgesetzten Gütergemeinschaft gehören, § 1 Abs. 1 Satz 1 und 2.

Geht nur eine der o. g. Tatbestandsvoraussetzungen verloren – Hofvermerk, Eigentumsverhältnisse –, geht die Hofeigenschaft verloren. Mehr dazu später.

Hofzugehörig sind gemäß § 2 lit. a HöfeO auch die vom Hof aus ständig bewirtschafteten Grundstücke, die nicht im Hofesgrundbuch eingetragen sind. § 3 erklärt das lebende und tote Inventar, die Maschinen, Dünger- und Futtervorräte zum Hof gehörig. Nicht hofzugehörig ist Geldvermögen, selbst wenn es aus der Veräußerung von hofzugehörigen Grundstücken oder Inventar stammt. Nur auf dem Betriebskonto vorhandenes, für die Bewirtschaftung angemessenes Geldvermögen ist hofzugehörig.

2. Verlust der Hofeigenschaft

Die Zugehörigkeit eines land- oder forstwirtschaftlichen Betriebes zur HöfeO ist fakultativ, also freiwillig. Gemäß § 1 Abs. 4 HöfeO verliert der Besitz seine Hofeigenschaft, wenn der Hofeigentümer erklärt, dass sie kein Hof mehr sein soll. Dazu ist in öffentlich-beglaubigter Form eine Erklärung gegenüber dem Landwirtschaftsgericht erforderlich (§ 4 Abs. 2 Höfeverfahrensordnung).

Zulässig ist es auch, direkt vor der Hofesübertragung im Wege der vorweggenommenen Erbfolge den Hofvermerk zu löschen in der Absicht, den Hof den Bindungen der HöfeO zu entziehen, um nach Hofesübertragung den Hofvermerk wieder einzutragen.[50] Wird der Hofvermerk nach dem Erbfall/der Hofübergabe gelöscht, entfällt damit zwar die Hofeigenschaft, für die Abfindungsansprüche der weichenden Erben aus §§ 12, 13 HöfeO spielt dies jedoch keine Rolle.[51]

---

[50] *BGH,* Urt. v. 28. November 2008, Az.: BLw 11/08.

[51] *OLG Celle,* Agrarrecht 1992, 114.

Aber auch ohne Löschung des Hofvermerkes kann die Hofeigenschaft entfallen. Dies gilt z. B. bei einer Veränderung der Eigentumsverhältnisse. Wird an der Hofstelle Wohnungseigentum begründet, entfällt die Hofeigenschaft.[52]

Der heute praktisch wichtigere Fall des Verlustes der Hofeigenschaft ist derjenige der „Auflösung der wirtschaftlichen Betriebseinheit". Aufgrund des massiven Agrarstrukturwandels werden heute viele Höfe nicht mehr bewirtschaftet. Darunter befinden sich auch zahlreiche Besitzungen, die im Grundbuch noch den Hofvermerk tragen. Dem Höferecht unterfallen diese Besitzungen aber nur, wenn sie noch schutzwürdig sind. Ansonsten wäre die Benachteiligung der weichenden Erben und die Privilegierung des Hofeserben verfassungsrechtlich nicht gerechtfertigt. Zum Verlust der Hofeigenschaft durch Auflösung der wirtschaftlichen Betriebseinheit besteht eine umfängliche Judikatur.

Ein Hof ist mehr als die Gesamtheit der Grundstücke und der Hofstelle, er muss durch die „organisierende Tätigkeit des Betriebsleiters" zusammengefasst werden. Wesentliche Indizien für eine Auflösung dieser Betriebseinheit können sein:

- das Fehlen einer geeigneten Hofstelle, insbesondere das Verfallenlassen seiner Gebäude oder der Umbau für nichtlandwirtschaftliche Zwecke;
- das Fehlen von lebendem und totem Inventar;
- eine langfristige, kleinparzellierte Verpachtung der landwirtschaftlichen Flächen;
- die langfristige Vermietung von Gebäuden zu nichtlandwirtschaftlichen Zwecken.[53]

Ist die wirtschaftliche Betriebseinheit nach obigen Kriterien nicht aufgelöst, besteht die Hofeigenschaft fort.

Ist die wirtschaftliche Betriebseinheit nach diesen Indizien als aufgelöst anzusehen, ist der Wille des Erblassers zu erforschen. Wollte er die Betriebseinheit auf Dauer auflösen, ist die Hofeigenschaft entfallen.[54]

---

52 *OLG Köln,* RdL 2007, 192.

53 *BGH,* Agrarrecht 1995, 235; *BGH,* Agrarrecht 2000, 227; *OLG Oldenburg,* Agrarrecht 1999, 310.

54 *OLG Celle,* RdL 2000, 45, 193.

Wollte der Erblasser die Betriebseinheit nicht auf Dauer auflösen, sondern nur die Zeit bis zur Übernahme durch den Hoferben überbrücken, ist ein „Wiederanspannen des Betriebes" zu prüfen, also ob nach betriebswirtschaftlichen Grundsätzen eine Wiederaufnahme der Betriebstätigkeit rentabel erscheint.[55] Dabei ist der vollständige Aufwand für die Wiederaufnahme der Betriebstätigkeit unter Berücksichtigung aller erforderlichen Investitionen, einer erforderlichen Fremdkapitalaufnahme und einer möglicherweise anfangs geringeren Ertragslage bei für die bäuerliche Familie erforderlichen Entnahmen den nachhaltig zu erzielenden Erträgen gegenüberzustellen. Auf die konkreten Absichten des Hoferben kommt es nicht an.[56] Es ist zwar fiktiv, aber realistisch zu prüfen, welche Erträge der konkrete Betrieb aus sich selbst heraus nachhaltig erzielen kann. In der Regel wird die Einschaltung eines Sachverständigen erforderlich sein.[57]

III. Hoferbfolge

1. Gesetzliche Hoferbfolge

§ 4 HöfeO:
Der Hof fällt als Teil der Erbschaft kraft Gesetzes nur einem der Erben (dem Hoferben) zu. An seine Stelle tritt im Verhältnis der Miterben untereinander der Hofeswert.

§ 5 HöfeO:
Wenn der Erblasser keine andere Bestimmung trifft, sind als Hoferben kraft Gesetzes in folgender Ordnung berufen:

1. Die Kinder des Erblassers und deren Abkömmlinge,
2. der Ehegatte des Erblassers,
3. die Eltern des Erblassers, wenn der Hof von ihnen oder aus ihren Familien stammt oder mit ihren Mitteln erworben worden ist,
4. die Geschwister des Erblassers und deren Abkömmlinge.

---

[55] *BGH,* RdL 2000, 42; *OLG Hamm,* AUR 2006, 391; AUR 2003, 353 und 356; *OLG Oldenburg,* AUR 2006, 143; *OLG Celle,* RdL 2003, 46.

[56] *Wöhrmann,* 9. Auflage, § 1 Rz. 143 mit weiteren Nachweisen.

[57] *OLG Hamm,* AUR 2003, 356.

§ 6 HöfeO:

(1) In der ersten Hoferbenordnung ist als Hoferbe berufen:

1. In erster Linie der Miterbe, dem vom Erblasser die Bewirtschaftung des Hofes im Zeitpunkt des Erbfalles auf Dauer übertragen ist, es sei denn, dass sich der Erblasser dabei ihm gegenüber die Bestimmung des Hoferben ausdrücklich vorbehalten hat;
2. in zweiter Linie der Miterbe, hinsichtlich dessen der Erblasser durch die Ausbildung oder durch Art und Umfang der Beschäftigung auf dem Hof hat erkennen lassen, dass er den Hof übernehmen soll;
3. in dritter Linie der älteste der Miterben oder, wenn in der Gegend Jüngstenrecht Brauch ist, der jüngste von ihnen.

...

(6) Wer nicht wirtschaftsfähig ist, scheidet als Hoferbe aus, auch wer hierzu nach Abs. 1 Satz 1 Nr. 1 oder 2 berufen ist. Dies gilt jedoch nicht, wenn allein mangelnde Altersreife der Grund der Wirtschaftsunfähigkeit ist oder wenn es sich um die Vererbung an den überlebenden Ehegatten handelt. Scheidet der zunächst berufene Hoferbe aus, so fällt er demjenigen an, der berufen wäre, wenn der ausscheidende zur Zeit des Erbfalls nicht gelebt hätte.

(7) Wirtschaftsfähig ist, wer nach seinen körperlichen und geistigen Fähigkeiten, nach seinen Kenntnissen und seiner Persönlichkeit in der Lage ist, den von ihm zu übernehmenden Hof selbstständig ordnungsmäßig zu bewirtschaften.

§ 7 HöfeO:

(1) Der Eigentümer kann den Hoferben durch Verfügung von Todes wegen frei bestimmen oder ihm den Hof im Wege der vorweggenommenen Erbfolge (Übergabevertrag) übergeben. Zum Hoferben kann nicht bestimmt werden, wer wegen Wirtschaftsunfähigkeit nach § 6 Abs. 6 Satz 1 und 2 als Hoferbe ausscheidet; die Wirtschaftsunfähigkeit eines Abkömmlings steht jedoch seiner Bestimmung zum Hoferben nicht entgegen, wenn sämtliche Abkömmlinge wegen Wirtschaftsunfähigkeit ausscheiden und ein wirtschaftsfähiger Ehegatte nicht vorhanden ist.

(2) Hat der Eigentümer die Bewirtschaftung des Hofes unter den Voraussetzungen des § 6 Abs. 1 Satz 1 Nr. 1 einem hoferbenberechtigten Abkömmling übertragen, so ist, solange dieser den Hof bewirtschaftet, eine vom Eigentümer nach Übertragung der Bewirtschaftung vorgenom-

mene Bestimmung eines anderen zum Hoferben insoweit unwirksam, als durch sie der Hoferbenberechtigte von der Hoferbfolge ausgeschlossen würde. Das Gleiche gilt, wenn der Eigentümer durch Art und Umfang der Beschäftigung (§ 6 Abs. 1 Satz 1 Nr. 2) eines hoferbenberechtigten Abkömmlings auf dem Hof hat erkennen lassen, dass er den Hof übernehmen soll. Das Recht des Eigentümers, über sein der Hoferbfolge unterliegendes Vermögen durch Rechtsgeschäfte unter Lebenden zu verfügen, wird durch Satz 1 und 2 nicht beschränkt.

§ 8 HöfeO:

(1) Bei einem Ehegattenhof fällt der Anteil des Erblassers dem überlebenden Ehegatten als Hoferben zu.

...

§ 9 HöfeO:

(1) Hinterlässt der Erblasser mehrere Höfe, so können die als Hoferben berufenen Abkömmlinge in der Reihenfolge ihrer Berufung je einen Hof wählen; ...

§ 10 HöfeO:

Der Hof vererbt sich nach den Vorschriften des allgemeinen Rechts, wenn nach den Vorschriften dieses Gesetzes kein Hoferbe vorhanden oder wirksam bestimmt ist.

§ 11 HöfeO:

Der Hoferbe kann den Anfall des Hofes durch Erklärung gegenüber dem Gericht ausschlagen, ohne die Erbschaft in das übrige Vermögen auszuschlagen. Auf diese Ausschlagung finden die Vorschriften des Bürgerlichen Gesetzbuchs über die Ausschlagung der Erbschaft entsprechende Anwendung.

a) Gesetzliche Regelung

§ 5 HöfeO regelt die gesetzliche Hoferbfolge anders als § 1922 ff. BGB. Gemäß § 4 HöfeO fällt der Hof als Teil der Erbschaft nur dem Hoferben an. Besteht der Nachlass aus Hofesvermögen und hofesfreiem Vermögen, was der Regelfall ist, findet eine Nachlassspaltung statt: Das Hofesvermögen vererbt sich nach Höferecht, das hofesfreie Vermögen nach allgemeinem Erbrecht des BGB.

Hervorzuheben ist, dass gemäß § 7 Abs. 1 HöfeO dem Eigentümer das Recht verbleibt, durch Verfügung von Todes wegen (Testament, Erbvertrag) oder durch Hofübergabevertrag die Erbfolge selbst zu bestimmen. Dies kann auch eine familienfremde Person sein, an die gesetzliche Hoferbenordnung ist der Hofeigentümer nicht gebunden. Jedoch hat er zu beachten, dass der Hof nur einem Erben ungeteilt, allenfalls unter Vorbehalt nichtbetriebsnotwendiger Grundstücke, anfallen muss und dass der Hoferbe wirtschaftsfähig sein muss, § 7 Abs. 1 Satz 2 HöfeO.

Die gesetzliche Hoferbfolge richtet sich nach §§ 5 und 6 HöfeO, Einzelheiten können dort entnommen werden.

§ 6 Abs. 6 bestimmt, dass der Hoferbe wirtschaftsfähig sein muss. Dies wird in § 6 Abs. 7 legal definiert. Wirtschaftsfähig ist, wer den konkreten Hof ordnungsgemäß zu bewirtschaften imstande ist.[58] Dies bedeutet nicht die konkrete Absicht, die Eigenbewirtschaftung aufzunehmen, aber die Fähigkeit, dies bzgl. des konkreten Hofes leisten zu können. Dies setzt entsprechende landwirtschaftliche und betriebswirtschaftliche Kenntnisse voraus, bei kleineren Betrieben, in denen die persönliche Mitarbeit des Betriebsleiters erforderlich ist, auch die körperliche Eignung.[59]

b) Formlose Hoferbenbestimmung

Eine Besonderheit des Höferechts ist § 7 Abs. 2 HöfeO, wonach der Hofeigentümer nicht wirksam einen anderen durch Verfügung von Todes wegen zum Hoferben bestimmen kann, solange er einem hoferbenberechtigten Abkömmling die Bewirtschaftung auf Dauer übertragen hat oder solange er einem hoferbenberechtigten Abkömmling durch Art und Umfang der Beschäftigung auf dem Hof hat erkennen lassen, dass er den Hof übernehmen soll. Endet die dauerhafte Bewirtschaftungsüberlassung oder die Beschäftigung auf dem Hof, ist der Eigentümer in der testamentarischen Verfügung über den Hof wieder frei.[60] Eine Ausnahme gilt nur, wenn der Eigentümer vor der Übertragung der Bewirtschaftung oder vor der Beschäftigung auf dem

---

[58] *Wöhrmann,* § 6 Rn. 119 ff.

[59] *OLG Celle,* RdL 2006, 271.

[60] *OLG Oldenburg,* AUR 2009, 193.

Hof durch Verfügung von Todes wegen eine anderweitige Erbeinsetzung getroffen hatte. Diese bleibt wirksam.[61]

Eine Ausnahme gilt ferner, wenn sich der Hofeigentümer eine anderweitige Hoferbenbestimmung ausdrücklich und nicht nur konkludent vorbehalten hatte.[62]

c) Ehegattenhof

Bei einem Ehegattenhof fällt gemäß § 8 Abs. 1 HöfeO der Anteil des Erblassers stets dem überlebenden Ehegatten als Hoferben zu. Dies bedeutet ein Zwangserbrecht zugunsten des länger lebenden Ehegatten. Ob dies mit Artikel 6 Grundgesetz vereinbar ist, hat der *BGH* offen gelassen.[63] Wollen die Eheleute diese Erbfolge nicht, müssen sie den Hofvermerk löschen lassen.

d) Vor- und Nacherbschaft

Nicht unverbreitet unter Hofesalleineigentümern ist die Anordnung von Vor- und Nacherbschaft, etwa der Ehefrau zur Vorerbin, eines gemeinsamen Abkömmlings zum Nacherben. Dies ist nur bei einem Ehegattenhof aufgrund des Zwangserbrechts des überlebenden Ehegatten ausgeschlossen.

Da es sich auch bei Vor- und Nacherbschaft um einen Erbfall, nicht zwei Erbfälle handelt, ist das beim Erbfall (Vorerbfall) und nicht das beim Nacherbfall geltende Recht maßgebend.[64] Entfällt die Hofeigenschaft nach Eintritt des Erbfalls, ist dies für den Nacherbfall unbeachtlich. Lediglich die Wirtschaftsfähigkeit muss der Nacherbe zum Zeitpunkt des Nacherbfalls nachweisen.[65]

---

61 *OLG Celle,* Agrarrecht 1977, 235.

62 *BGH,* NJW 1994, 3167.

63 *BGH,* Agrarrecht 1998, 213.

64 *OLG Oldenburg,* AUR 2005, 54, 55

65 *OLG Celle,* RdL 1988, 209; *Dressel,* Agrarrecht 2001, 265, 284.

2. Hofübertragung im Wege vorweggenommener Erbfolge

Ganz überwiegend werden landwirtschaftliche Besitzungen/Höfe zu Lebzeiten im Wege vorweggenommener Erbfolge von dem Eigentümer an einen Hofnachfolger übertragen.

§ 17 HöfeO:

(1) Bei der Übergabe des Hofes an den Hoferben im Wege der vorweggenommenen Hoferbfolge finden die Vorschriften des § 16 entsprechende Anwendung.

(2) Übergibt der Eigentümer den Hof an einen hoferbenberechtigten Abkömmling, so gilt zugunsten der anderen Abkömmlinge der Erbfall hinsichtlich des Hofes mit dem Zeitpunkt der Übertragung als eingetreten.

(3) Soweit nach den Vorschriften des Grundstücksverkehrsgesetzes eine Genehmigung erforderlich ist, wird sie durch das Gericht erteilt.

§ 16 HöfeO:

(1) Der Eigentümer kann die Erbfolge kraft Höferechts (§ 4) durch Verfügung von Todes wegen nicht ausschließen. Er kann sie jedoch beschränken; soweit nach den Vorschriften des Grundstücksverkehrsgesetzes ... für ein Rechtsgeschäft unter Lebenden gleichen Inhalts eine Genehmigung erforderlich wäre, ist die Zustimmung des Gerichts zu der Verfügung von Todes wegen erforderlich.

(2) Für die Berechnung des Pflichtteils des Hoferben ist der nach dem allgemeinen Recht, für die Berechnung des Pflichtteils der übrigen Erben der nach diesem Gesetz zu ermittelnde gesetzliche Erbteil maßgebend. Dabei ist der Hof in jedem Falle nach dem in § 12 Abs. 2 bestimmten Wert anzusetzen.

§ 17 Abs. 2 HöfeO stellt eine Besonderheit dieses Gesetzes dar. Danach gilt mit der lebzeitigen Hofesübergabe an einen Abkömmling zugunsten der anderen Abkömmlinge der Erbfall hinsichtlich des Hofes als eingetreten. Dies hat zur Folge, dass die Abkömmlinge (nicht der Ehegatte des Hofübergebers) ihre Hofabfindung nach § 12 HöfeO mit diesem Zeitpunkt von dem Hofübernehmer verlangen können.

Gemäß § 17 Abs. 1, § 16 Abs. 1 HöfeO kann der Hofübergeber höferechtliche Bestimmungen nicht ausschließen, wohl aber beschränken. Unabdingbar ist daher, dass der Hof an *einen* wirtschaftsfähigen Hoferben, nicht an mehrere Personen übertragen wird. Auch muss es sich um eine geschlossene Hofübergabe handeln, d. h. der gesamte Hof im Sinne der HöfeO muss übergeben werden. Unzulässig ist es daher, wesentliche Grundstücke von der Hofübergabe auszunehmen und abzutrennen.[66]

Die Praxis der Hofübergabe-Vertragsgestaltung konzentriert sich auf folgende Punkte:

- Geschlossene Betriebsübergabe,
- Altenteilsgestaltung,
- Abfindung der weichenden Erben.

Dazu im Einzelnen:

a) Geschlossene Betriebsübergabe

Übertragen wird der gesamte Hof im Sinne der HöfeO, mit allen Grundstücken, Gebäuden, Anlagen und allem, was als Bestandteil und Zubehör gilt, einschließlich aller Rechte und Pflichten aus etwaigen Mitgliedschaftsrechten, Nutzungsrechten und mit allen betrieblichen Konten. Ein Vorbehalt von Einzelgrundstücken kann nur bzgl. für den Hof sicher entbehrlicher Einzelparzellen infrage kommen. Da die Hofübergabe gemäß § 17 Abs. 3 HöfeO, § 31, § 9 Grundstücksverkehrsgesetz der Genehmigung durch das Landwirtschaftsgericht bedarf, wäre der Vorbehalt betriebswichtiger Parzellen ein Versagungsgrund nach § 9 Abs. 1 Nr. 1 und 2 Grundstücksverkehrsgesetz wegen ungesunder Verteilung des Grund und Bodens bzw. unwirtschaftlicher Verkleinerung des Hofes durch die Abtrennung eines Grundstücks. Zudem können steuerliche Nachteile entstehen (Entnahme!).

b) Altenteilsgestaltung

Das klassische Altenteil zugunsten des Übergebers und seiner Ehefrau (als Gesamtgläubiger gemäß § 428 BGB) besteht im Kern aus folgenden Bestandteilen:

- Einem unentgeltlichen Wohnungsrecht an klar definierten Räumen/einem Gebäude auf oder in der Nähe der Hofstelle, wobei das Wohnungsrecht durch die Eintragung einer beschränkt-persönlichen Dienstbarkeit gemäß § 1093 BGB im Grundbuch dinglich gesichert wird. Vereinbart wird die in

[66] *Lange/Wulff,* Lüdtke-Handjery, § 17, Rz. 12.

der Regel freie Versorgung mit Heizenergie, Strom, Wasser, Müll- und Abwasserentsorgung sowie Instandhaltung, nicht aber Schönheitsreparaturen der Altenteilerwohnung.

- Ein monatlicher Geldbetrag, der durch Eintragung einer Reallast im Grundbuch dinglich gesichert wird. Die Höhe der monatlichen Zahlung ist individuell unter Berücksichtigung der Leistungsfähigkeit des Betriebes und der Bedürftigkeit der Altenteiler zu ermitteln. In der Regel wird er durch Anbindung an den Verbraucherpreisindex oder das arithmetische Mittel aus Verbraucherpreisindex und Erzeugerpreisindex für landwirtschaftliche Produkte wertgesichert. Beim Tode eines der Altenteilsberechtigten wird vielfach die Reduzierung um z. B. ⅓ vereinbart.
- Beköstigung: Die freie Beköstigung am Familientisch wird zunehmend seltener. Dem auskömmlichen Miteinander zuträglicher ist vielfach die eigene Essenszubereitung, solange dies möglich ist. Entweder übernimmt der Hofübernehmer die Kosten hierfür, oder es wird vereinbart, dass sich die Altenteiler auf eigene Kosten selbst beköstigen, wobei dann der monatliche Barbetrag dementsprechend höher angesetzt wird.
- Pflegeklausel:

  Ob die Vereinbarung von „Hege und Pflege" noch zeitgemäß ist, ist durchaus umstritten. Die Befürworter einer Pflegeklausel weisen auf das Sicherungsbedürfnis der Altenteiler und deren Lebensleistung hin, die Gegner führen die wirtschaftlichen Risiken im Fall eines Sozialhilferegresses ins Feld.[67] Zu präferieren ist eine Pflegeklausel, die einen Pflegeumfang bis einschließlich Pflegestufe 1 der sozialen Pflegeversicherung (durchschnittlich 1,5 Std. pro Tag) verspricht, da dies in der Regel vom Hofübernehmer noch zu tragen ist. Dabei sind die beruflichen Belange des Übernehmers zu berücksichtigen. Sollte nach ärztlichen Feststellungen des Hausarztes der Altenteilsberechtigten die Unterbringung in einem Alten- oder Pflegeheim notwendig werden, sollte die Pflegeverpflichtung gänzlich entfallen. Zulässig ist eine solche Regelung.[68] Ob für den Fall der Pflegeheimunterbringung die Umwandlung des Pflegeanspruchs in einen Anspruch auf Zahlung der ersparten Aufwendungen

---

[67] Siehe dazu: top agrar, Ausgabe 8/2006, S. 38 ff.

[68] *OLG Hamm,* Beschl. v. 17. Oktober 2006, 10 W 69/06.

vereinbart wird, ist im Einzelfall zu klären. Auch ein gänzliches Entfallen des Pflegeanspruchs ohne dafür entstehende Zahlungspflicht des Hofübernehmers ist zulässig und stellt keinen Vertrag zulasten Dritter dar.[69]

Exkurs: Recht der Altenteilsverträge

Im Zusammenhang mit der vorbeschriebenen vertraglichen Gestaltung eines Altenteils ist auf das Recht der Altenteilsverträge hinzuweisen. Nach Art. 96 EGBGB sind die landesgesetzlichen Vorschriften über einen mit der Überlassung eines Grundstücks in Verbindung stehenden Leibgedings-, Leibzuchts-, Altenteils- oder Auszugsvertrag bestehen geblieben. Solche landesrechtliche Vorschriften über Altenteilsverträge sind in

- Baden-Württemberg: §§ 6–17 Baden-Württembergisches AGBGB;
- Bayern: Artikel 7–23 Bayerisches AGBGB;
- Berlin: Artikel 15 Preußisches AGBGB;
- Bremen: Artikel 27 Bremisches AGBGB;
- Hessen: §§ 4–18 Hessisches AGBGB;
- Niedersachsen: §§ 5–17 Niedersächsisches AGBGB;
- Nordrhein-Westfalen: Artikel 15 AGBGB NRW bzw. Artikel 23 Lippisches AGBGB;
- Rheinland-Pfalz: §§ 2–18 Rheinland-Pfälzisches AGBGB;
- Saarland: §§ 6–22 Saarländisches Gesetz zur Ausführung bundesrechtlicher Justizgesetze;
- Schleswig-Holstein: §§ 1–12 AGBGB Schleswig-Holstein;
- Thüringen: §§ 4–22 Thüringer Zivilrechtsausführungsgesetz;
- Brandenburg, Hamburg, Mecklenburg-Vorpommern, Sachsen, Sachsen-Anhalt: keine Vorschriften.

Das Recht der Altenteilsverträge stellt ein gesetzliches Regelungswerk dar für im Wege vorweggenommener Erbfolge geschlossene Übergabeverträge, die dem Übergeber ein Altenteils-/Leibgedings-/Leibzuchts-/Auszugsrecht, also eine Absicherung im Alter gewährleisten. Die Vorschriften sind dispositiv, also abdingbar.

---

69 *BGH,* Beschl. v. 23. Januar 2003, V ZB 48/02, mit Anmerkung *Littig,* ZErb 2003, 259; in ausdrücklicher Abkehr von *BGH,* Urt. v. 21. September 2001, V ZR 14/01.

Geregelt wird u. a., dass dem aus dem Leibgedings(etc.)-Vertrag Berechtigten dingliche Sicherheiten zu bestellen sind, welcher Art die zu erbringenden Leistungen zu sein haben, und was im Falle von Leistungsstörungen gilt. So steht dem Berechtigten das Recht, vom Vertrag zurückzutreten, §§ 323, 326 BGB, nicht zu, selbst wenn der Verpflichtete fällige Leistungen nicht erbringt (Art. 15 § 7 AGBGB NRW). Detailliert geregelt sind auch die Folgen des Fortzugs des Berechtigten aus dem Wohnungsrecht (Art. 15 § 9 ABGBG NRW).

c) Abfindung der weichenden Erben

Die gesetzlichen Abfindungsansprüche werden nachfolgend unter D.IV. behandelt. Im Vorgriff darauf soll an dieser Stelle aber bereits darauf hingewiesen werden, dass sich eine Einbeziehung der weichenden Erben in den Hofübergabevorgang dringend empfiehlt. Wenngleich dies juristisch für die Eigentumsverschaffung nicht erforderlich ist, ist es aber zur rechtssicheren Modifikation der Abfindungsansprüche der weichenden Erben notwendig. Zwar können im Hofübergabevertrag die Abfindungs- und Nachabfindungsansprüche der weichenden Erben grundsätzlich auch ohne deren Zustimmung geregelt werden,[70] doch können die Pflichtteilsansprüche der weichenden Erben nicht ohne deren Zustimmung unterschritten werden. Konkret bedeutet dies, dass die weichenden Erben, sollten sie durch Regelungen im Übergabevertrag allzu gering abgefunden werden, ihre Ansprüche aus § 2303 BGB, §§ 12, 13 HöfeO geltend machen können, einschließlich des Auskunftsanspruches aus § 2314 BGB. Hierauf sollten die Hofübergabeparteien es – schon um Streit zu vermeiden – nicht ankommen lassen und möglichst um eine einträchtige Regelung mit den weichenden Erben bemüht sein. Darüber hinaus ist es für den Hofübernehmer erstrebenswert, im Übergabevertrag mit den weichenden Erben eine Modifikation der Nachabfindungsansprüche der weichenden Erben aus § 13 HöfeO zu erreichen. Diese Nachabfindungsansprüche, die von der Rechtsprechung weit im Sinne der weichenden Erben ausgelegt werden (s. dazu unten B.IV.2), können nämlich betriebliche Entwicklungen durchaus einschränken. Es empfiehlt sich daher eine Regelung des Inhalts, dass die weichenden

[70] *Dingerdissen,* a. a. O., Rz. 128.

Erben auf die Geltendmachung der Abfindungsergänzungsansprüche aus § 13 HöfeO für den Fall verzichten, dass der Übertragsnehmer ausgleichspflichtige Beträge innerhalb einer bestimmten Frist (z. B. 2–4 Jahre) vor und nach Entstehung des Abfindungsanspruchs in den landwirtschaftlichen Betrieb, namentlich in Grundstücke, Gebäude, Inventar, Zubehör, Reparaturen, Schuldentilgung, investiert. Bei einer teilweisen Investition behalten die Berechtigten ihren Anspruch auf den anteiligen, nicht investierten Betrag. Selbstverständlich ist es auch möglich, im Rahmen der Vertragsfreiheit diesen Verzicht der Höhe nach zu beschränken.

IV. Abfindung der Miterben

1. Hofabfindung, § 12 HöfeO

§ 12 HöfeO:

(1) Den Miterben, die nicht Hoferben geworden sind, steht vorbehaltlich anderweitiger Regelung durch Übergabevertrag oder Verfügung von Todes wegen anstelle eines Anteils am Hof ein Anspruch gegen den Hoferben auf Zahlung einer Abfindung in Geld zu.

(2) Der Anspruch bemisst sich nach dem Hofeswert im Zeitpunkt des Erbfalls. Als Hofeswert gilt das 1½-fache des zuletzt festgestellten Einheitswertes im Sinne des § 48 des Bewertungsgesetzes (...). Kommen besondere Umstände des Einzelfalls, die für den Wert des Hofes von erheblicher Bedeutung sind, in dem Hofeswert nicht oder ungenügend zum Ausdruck, so können auf Verlangen Zuschläge oder Abschläge nach billigem Ermessen gemacht werden.

(3) Von dem Hofeswert werden die Nachlassverbindlichkeiten abgezogen, die im Verhältnis der Erben zueinander den Hof treffen und die der Hoferbe allein zu tragen hat. Der danach verbleibende Betrag, jedoch mindestens ⅓ des Hofeswertes (Abs. 2 Satz 2), gebührt den Erben des Erblassers einschließlich des Hoferben, falls er zu ihnen gehört, zu dem Teil, der ihrem Anteil am Nachlass nach dem allgemeinen Recht entspricht.

(4) Auf die Abfindung nach Abs. 1 muss sich der Miterbe dasjenige anrechnen lassen, was er oder sein vor dem Erbfall weggefallener Eltern-

oder Großelternteil vom Erblasser als Abfindung aus dem Hof erhalten hat.

(5) Das Gericht kann die Zahlung der einem Miterben zustehenden Abfindung, auch wenn diese durch Verfügung von Todes wegen oder vertraglich festgesetzt ist, auf Antrag stunden, soweit der Hoferbe bei sofortiger Zahlung den Hof nicht ordnungsmäßig bewirtschaften könnte und dem einzelnen Miterben bei gerechter Abwägung der Lage der Beteiligten eine Stundung zugemutet werden kann. Das Gericht entscheidet nach billigem Ermessen, ob und in welcher Höhe eine gestundete Forderung zu verzinsen und ob, in welcher Art und in welchem Umfang für sie Sicherheit zu leisten ist. Es kann die rechtskräftige Entscheidung über die Stundung, Verzinsung und Sicherheitsleistung auf Antrag aufheben oder ändern, wenn sich die Verhältnisse nach dem Erlass der Entscheidung wesentlich geändert haben.

...

(10) Die Vorschriften der Abs. 2–5 gelten sinngemäß für die Ansprüche von Pflichtteilsberechtigten, Vermächtnisnehmern sowie des überlebenden Ehegatten, der den Ausgleich des Zugewinns (§ 1371 Abs. 2 und 3 BGB) verlangt.

Abfindungsansprüche nach §§ 12, 13 HöfeO stehen „den Miterben, die nicht Hoferben geworden sind" (§ 12 Abs. 1) und den Pflichtteilsberechtigten, Vermächtnisnehmern und dem überlebenden Ehegatten (§ 12 Abs. 10) zu. Miterben in diesem Sinne sind die gesetzlichen Erben, die nach allgemeinem BGB-Erbrecht Erben des Hofes geworden wären, wenn der Hof nicht aufgrund des Sondererbrechts der HöfeO dem Hoferben angefallen wäre. Es ist also die gesetzliche Erbfolge nach BGB im konkreten Erbfall – bzw. im Falle der Hofübergabe im fiktiven Zeitpunkt des Erbfalls, § 17 Abs. 2 HöfeO – zu prüfen, wobei dieser Personenkreis nicht identisch sein muss mit den Personen, die das hofesfreie Vermögen des Erblassers tatsächlich, aufgrund einer letztwilligen Verfügung des Erblassers, geerbt haben. Relevant ist die gesetzliche Erbfolge, nicht die gewillkürte. Jedoch ist im Wege der Testamentsauslegung gemäß §§ 2084, 133 BGB zu klären, ob der Erblasser die weichenden Erben hinsichtlich ihrer Ansprüche aus §§ 12, 13 HöfeO auf die Pflichtteilsquote hat verweisen wollen. Es richtet sich also der Kreis der weichenden Erben nach der gesetzlichen Erbfolge, die Frage, ob eine Beschränkung auf den Pflichtteil vorliegt aber nach der letztwilligen

Verfügung bzw. nach dem Hofübergabevertrag. Für eine Enterbung spricht nicht schon, dass der Erblasser den Hof nur einem Abkömmling zukommen lässt, oder dass es im Hofübergabevertrag heißt, die weichenden Erben seien vom elterlichen Vermögen abgefunden.[71]

Keine Ansprüche aus §§ 12, 13 HöfeO haben diejenigen, die durch Erbverzicht (§ 2346 BGB), Pflichtteilsentziehung (§§ 2333 ff. BGB) oder Erbunwürdigkeit (§§ 2339 ff. BGB) von der Erbfolge ausgeschlossen sind. Denn in diesem Fall bestände auch nach BGB-Erbrecht kein Erbanspruch.

Zur Ermittlung der Abfindungshöhe ist zunächst der Hofeswert nach § 12 Abs. 2 zu ermitteln. Auszugehen ist von dem 1,5fachen Einheitswert, der zuletzt nach dem Bewertungsgesetz festgestellt wurde. Gemäß § 12 Abs. 2 Satz 2 können Zu- und Abschläge gemacht werden. Zuschläge, z. B. für Bau- oder Bauerwartungsland, jedoch nur in angemessener Höhe, also nicht zum vollen Verkehrswert.[72] Abschläge beispielsweise für im Einheitswertbescheid berücksichtigte Viehbestände, die der Hoferbe vor dem Erbfall (in seiner Zeit als Pächter) selbst aufgestockt hat.[73]

Gemäß § 12 Abs. 3 sind Nachlassverbindlichkeiten, die der Hoferbe allein zu tragen hat, abzuziehen, jedoch nur bis zu einer Grenze von ⅓ des Hofeswertes nach § 12 Satz 2.

Abfindungen haben sich die Berechtigten gemäß § 12 Abs. 4 anrechnen zu lassen; Zuwendungen im Sinne des § 2050 BGB und Leistungen des Hoferben gemäß § 2057a BGB sind auszugleichen. Von dem danach verbliebenen Betrag können die weichenden Erben vom Hofeserben/Hofübernehmer ihre Hofabfindung gemäß § 12 HöfeO entsprechend ihrer gesetzlichen Erbquote verlangen.

Die Anrechnung nach § 12 Abs. 4 HöfeO erfolgt in der Weise, dass Leistungen, die ein abfindungsberechtigter Miterbe „aus dem Hof“ erhalten hat, rechnerisch dem nach § 12 Abs. 2 HöfeO ermittelten Hofeswert zugezählt und nach Ermittlung der Abfindungshöhe (durch Teilung durch die Erbquote) von der Abfindung des begünstigten Miterben wieder abgezogen werden.[74]

---

71 *OLG Oldenburg,* AUR 2005, 53, 54.

72 *BGH,* Agrarrecht 319, 374.

73 *OLG Hamm,* Agrarrecht 1997, 66.

74 *Lange/Wulff/Lüdtke-Handjery,* § 12 Rz. 6 f.

Beispiel:

Hof, Einheitswert 30.000 €, Hoferbe A, weichende Erben B und C mit Quoten von je ⅓. B hat 6.000 € vorweg aus dem Hof erhalten.

Lösung:

- Hofeswert: 45.000 €
- erhöht um Vorempfang: 51.000 €
- Abfindung B: 51.000 € ÷ 3 = 17.000, € – 6.000 € = 11.000 €
- Abfindung C: 17.000 €

Hinsichtlich der Berechnung der Ausgleichung im Falle von Zuwendungen nach § 2050 BGB und § 2057a BGB kann auf das allgemeine Recht, insbesondere § 2055 BGB verwiesen werden.

Berechnungsbeispiel:

Fall:

Landwirt D ist Eigentümer eines Hofes im Sinne der Höfeordnung in NRW. Der Hof hat einen Einheitswert von 50.000 €. Er lebt mit seiner Ehefrau F im Güterstand der Gütertrennung und hat 3 Kinder A, B, und C. B und C sind ausgebildete Landwirte, B bewirtschaftet den Hof bereits aufgrund eines Pachtvertrags.

D verstirbt ohne Hinterlassung einer letztwilligen Verfügung. Kind C hat zur Heirat eine ausgleichungspflichtige Zuwendung im Wert von 10.000 € erhalte. Berechnen Sie die Erbansprüche.

Lösung:

aa) Ermittlung des Hofeserben:

Gemäß § 6 Abs. 1 Nr. 1 Höfeordnung ist B der Hofeserbe, da er Abkömmling ist und den Hof bereits bewirtschaftet. Er ist auch wirtschaftsfähig, denn landwirtschaftlich ausgebildet.

bb) Berechnung der Abfindungsansprüche:

- Gemäß § 12 Höfeordnung erhalten die weichenden Erben – anstelle ihres Anteils am Hof – eine Abfindung.
- Hofeswert, § 12 Abs. 2 Höfeordnung: 75.000 € (50.000 € × 1,5).
- Erbquoten: F: ¼ (§ 1931 Abs. 1, 4 BGB), A und C: je ¼, § 1924 Abs. 4 BGB.
- Problem Vorempfang von C: gemäß § 2050 BGB ist dies auszugleichen. Dies erfolgt nach den Vorschriften der §§ 2050, 2055 BGB. Es ist der auf die Abkömmlinge entfallende Nachlass zu ermitteln (hier: ¾

von 75.000 €, die Erbquote der F also unberücksichtigt gelassen). Dem ist der Vorempfang von 10.000 € zuzurechnen, insgesamt also 66.250 €. Dies ist rechnerisch auf die drei Abkömmlinge zu verteilen, also 22.083 € (66.250 ÷ 3). Der Vorempfang der C ist abzuziehen, Ergebnis also: A erhält 22.083 €, C 10.083 € von B, dem Hoferben (s. im Einzelnen § 2055 BGB).

2. Abfindungsergänzung, § 13 HöfeO

§ 13 HöfeO:

(1) Veräußert der Hoferbe innerhalb von 20 Jahren nach dem Erbfall den Hof, so können die nach § 12 Berechtigten unter Anrechnung einer bereits empfangenen Abfindung die Herausgabe des erzielten Erlöses zu dem Teil verlangen, der ihrem nach dem allgemeinen Recht bemessenen Anteil am Nachlass oder an dessen Wert entspricht. Dies gilt auch, wenn zum Hof gehörende Grundstücke einzeln oder nacheinander veräußert werden und die dadurch erzielten Erlöse insgesamt 1/10 des Hofeswertes (§ 12 Abs. 2) übersteigen, es sei denn, dass die Veräußerung zur Erhaltung des Hofes erforderlich war. Eine Übergabe des Hofes im Wege der vorweggenommenen Erbfolge gilt nicht als Veräußerung im Sinne des Satzes 1. Wird der Hof in eine Gesellschaft eingebracht, so gilt der Verkehrswert des Hofes im Zeitpunkt der Einbringung als Veräußerungserlös.

(2) Hat der nach Abs. 1 Verpflichtete innerhalb von 2 Jahren vor oder nach der Entstehung der Verpflichtung einen land- oder forstwirtschaftlichen Ersatzbetrieb oder im Falle des Abs. 1 Satz 2 Ersatzgrundstücke erworben, so kann er die hierfür gemachten Aufwendungen bis zur Höhe der für einen gleichwertigen Ersatzerwerb angemessenen Aufwendungen von dem Veräußerungserlös absetzen; als gleichwertig ist dabei eine Besitzung anzusehen, die als Ersatzbetrieb oder als um die Ersatzgrundstücke vervollständigter Restbesitz dem Hofeswert (§ 12 Abs. 2) des ganz oder teilweise veräußerten Hofes entspricht. Dies gilt auch, wenn der Ersatzbetrieb oder ein Ersatzgrundstück im Gebiet der Länder Baden-Württemberg, Bayern, Berlin, Bremen, Hessen, Rheinland-Pfalz oder des Saarlandes belegen ist.

...

(4) Abs. 1 Satz 1 gilt entsprechend, wenn der Hoferbe innerhalb von 20 Jahren nach dem Erbfall

a) wesentliche Teile des Hofeszubehörs veräußert oder verwertet, es sei denn, dass dies im Rahmen einer ordnungsmäßigen Bewirtschaftung liegt, oder

b) den Hof oder Teile davon auf andere Weise als land- oder forstwirtschaftlich nutzt

und dadurch erhebliche Gewinne erzielt.

(5) Von dem Erlös sind die durch die Veräußerung oder Verwertung entstehenden öffentlichen Abgaben, die vom Hoferben zu tragen sind, abzusetzen. Erlösminderungen, die auf einer vom Hoferben aufgenommenen dinglichen Belastung des Hofes beruhen, sind dem erzielten Erlös hinzuzurechnen, es sei denn, dass die Aufnahme der Belastung im Rahmen einer ordnungsmäßigen Bewirtschaftung lag. Ein Erlös, den zu erzielen der Hoferbe wider Treu und Glauben unterlassen hat, wird hinzugerechnet. Von dem Erlös ist der Teil abzusetzen, der bei wirtschaftlicher Betrachtungsweise auf eigenen Leistungen des Hoferben beruht oder dessen Herausgabe aus anderen Gründen nicht der Billigkeit entsprechen würde. Von dem Erlös ist abzusetzen ¼ des Erlöses, wenn die Veräußerung oder Verwertung später als 10 Jahre, die Hälfte des Erlöses, wenn sie später als 15 Jahre nach dem Erbfall erfolgt.

(6) Veräußert oder verwertet der Hoferbe innerhalb von 20 Jahren nach dem Erbfall einen Ersatzbetrieb, Ersatzgrundstücke oder Hofeszubehör, so sind die Vorschriften der Abs. 1–5 sinngemäß anzuwenden. Dies gilt auch, wenn der Ersatzbetrieb oder ein Ersatzgrundstück die Voraussetzungen des Abs. 2 Satz 2 erfüllt.

(7) Veräußert oder verwertet ein Dritter, auf den der Hof im Wege der Erbfolge übergegangen oder dem er im Wege der vorweggenommenen Erbfolge übereignet worden ist, innerhalb von 20 Jahren nach dem Erbfall (Abs. 1 Satz 1) den Hof, Teile des Hofes oder Hofeszubehör, so sind die Vorschriften der Abs. 1–6 sinngemäß anzuwenden.

(8) Der Veräußerung stehen die Zwangsversteigerung und die Enteignung gleich.

(9) Die Ansprüche sind vererblich und übertragbar. Sie verjähren mit Ablauf des dritten Jahres nach dem Zeitpunkt, in dem der Berechtigte von dem Eintritt der Voraussetzungen des Anspruchs Kenntnis erlangt,

spätestens in 30 Jahren vom Erbfall an. Sie entstehen auch, wenn die Besitzung im Grundbuch nicht als Hof eingetragen ist oder wenn der für sie eingetragene Hofvermerk gelöscht worden ist, sofern sie Hof ist oder war.

(10) Der Verpflichtete hat den Berechtigten über eine Veräußerung oder Verwertung unverzüglich Mitteilung zu machen sowie über alle für die Berechnung des Anspruchs erheblichen Umstände auf Verlangen Auskunft zu erteilen.

Der Abfindungsergänzungsanspruch, auch Nachabfindungsanspruch genannt, hat den Zweck, die durch die relativ geringe Abfindung nach § 12 HöfeO entstandene Benachteiligung der weichenden Erben auszugleichen, wenn der höferechtliche Zweck für diese Benachteiligung, die Erhaltung eines leistungsfähigen Betriebes in bäuerlicher Hand, weggefallen ist. Dazu wird der Abfindungsergänzungsanspruch begründet, falls der Hoferbe innerhalb von 20 Jahren

- den Hof (§ 13 Abs. 1 Satz 1),
- einzelne Grundstücke (§ 13 Abs. 1 Satz 2),
- wesentliche Teile des Hofeszubehörs (§ 13 Abs. 4a) veräußert oder
- den Hof oder Hofesteile anders als land- oder forstwirtschaftlich nutzt (§ 13 Abs. 4b).

Die Ansprüche sind vererblich und übertragbar, § 13 Abs. 9, sodass bei Nachabfindungsfällen nicht schlicht die Erbquote zum Zeitpunkt des Erbfalls/ der Hofübergabe (§ 17 Abs. 2 HöfeO) zugrunde gelegt werden darf, sondern zu prüfen ist, ob sich diese Erbquote nicht im Laufe der Zeit durch Übertragungen bzw. Erbanfall verändert hat.

Liegt eine Veräußerung des Hofes, von Grundstücken oder Hofeszubehör vor, ist zu prüfen, ob ein Ersatzbetrieb oder Ersatzgrundstücke erworben wurden, § 13 Abs. 2 Satz 1. Im Falle von Hofeszubehör scheidet eine Nachabfindung aus, wenn die Veräußerung sich im Rahmen einer ordnungsgemäßen Bewirtschaftung bewegte, insbesondere also bei betrieblichen Umstrukturierungen. Im Falle von Grundstücksveräußerungen kann eine Nachabfindung ausscheiden, wenn die Veräußerung zur Erhaltung des Hofes erforderlich war, § 13 Abs. 1 Satz 2. Hierbei ist jedoch Zurückhaltung geboten. Allein die Tilgung von Hofesschulden reicht zur Begründung nicht aus. Sie dürfen nicht auf einer Misswirtschaft des Hoferben beruhen[75] und auch nicht durch eine zumutbare Kreditaufnahme gedeckt werden können, die aus den Erträgen des Hofes bedient werden kann.[76]

Erhebliche aktuelle praktische Relevanz hat der Nachabfindungstatbestand der Nutzungsänderung, § 13 Abs. 4b HöfeO. Nach der aktuellen Rechtsprechung des *BGH*[77] ist unter landwirtschaftlicher Nutzung lediglich die Bodenertragsnutzung und die flächengebundene Tierhaltung (§ 1 Abs. 2 Grundstücksverkehrsgesetz) zu verstehen. Jede andere Nutzungsform ist dem Grunde nach nachabfindungspflichtig. Dies hat Bedeutung für die Bestellung von Erbbaurechten,[78] Bestellung von Dienstbarkeiten für Leitungsrechte,[79] Belastungen mit Grundpfandrechten zu nichtlandwirtschaftlichen Zwecken,[80] Sandabbau,[81] Veräußerung der Milchquote,[82] Vermietung/ Verpachtung von Gebäuden der Hofstelle zu nichtlandwirtschaftlichen Zwecken,[83] Nutzung von Hofesgrundstücken als „Windeinzugsgebiet" im Rahmen eines Windenergie-Nutzungsvertrages.[84] Weitere Beispiele (Nutzung von Dachflächen für Photovoltaik-Anlagen, Direktvermarktung auf dem Hof, Nutzung von Grundstücken für Biogasanlagen, etc.) sind naheliegend.

Zu dem so ermittelten Erlös sind gemäß § 13 Abs. 5 Satz 3 HöfeO fiktive Zuschläge zu machen, falls der Hoferbe wider Treu und Glauben Erlöse nicht erzielt hat. Abzusetzen von dem berechneten Erlösbetrag sind

– öffentliche Abgaben, insbesondere die angefallene Einkommensteuer (§ 13 Abs. 5 Satz 1),

---

75 *OLG Oldenburg,* AUR 2005, 53.
76 *BGH,* RdL 1984, 189, 192.
77 *BGH,* Urt. v. 24. April 2009, Az. BLw 21/08.
78 *OLG Hamm,* Agrarrecht 1984, 134.
79 *Wolter,* Agrarrecht 1990, 71; a. A. *OLG Hamm,* Agrarrecht 1988, 21.
80 *BGH,* Agrarrecht 2001, 54.
81 *OLG Hamm,* Agrarrecht 1988, 21.
82 *BGH,* Agrarrecht 1997, 216.
83 *BGH,* Agrarrecht 2000, 298.
84 *BGH,* Urt. v. 24. April 2009, Az. BLw 21/08.

- Erlösanteile, die bei wirtschaftlicher Betrachtungsweise auf eigenen Leistungen des Hoferben beruhen oder deren Herausgabe aus anderen Gründen nicht der Billigkeit entsprechen würde (§ 13 Abs. 5 Satz 4),
- bereits empfangene Abfindungen (§ 13 Abs. 1 Satz 1), vom Hoferben übernommene Nachlassverbindlichkeiten,[85] bei Teilveräußerungen jedoch nur anteilig entsprechend dem Verkehrswert des gesamten Hofes zu dem des veräußerten Teils,
- der Degressionsanteil (§ 13 Abs. 5 Satz 5).

Danach ist von dem verbleibenden Erlös nach 10 Jahren ein Anteil von 25 %, nach 15 Jahren ein Anteil von 50 % abzusetzen, den der Hoferbe für sich behalten kann.

Die Berechnung erfolgt in folgender Reihenfolge:

- Erlösermittlung
- Abzug öffentlicher Abgaben
- Abzug von Erlösanteilen aus Billigkeitsgründen
- Abzug von Nachlassverbindlichkeiten
- Abzug Degression
- Teilung durch Erbquoten
- Abzug empfangener Abfindungen

Der Anspruch verjährt gemäß § 13 Abs. 9 Satz 2 mit Ablauf des dritten Jahres nach dem Zeitpunkt, in dem der Berechtigte von dem Eintritt der Voraussetzung des Anspruchs vollständige positive Kenntnis erlangt hat, also Kenntnis von allen für die Berechnung des Anspruchs notwendigen Fakten.

Berechnungsbeispiel:

Fall:

Fall wie oben 1.a.; B als Hofeserbe veräußert 5 Jahre nach dem Erbfall ein hofzugehöriges Grundstück von 5.000 m² Größe als Bauland zum Preis von 20 €/m² (Wert zuvor: 2 €/m²). Es fällt Einkommensteuer von 15.000 € an.

---

85 *BGH,* Agrarrecht 1986, 319, 320.

Der Hof hatte bei Hofesübergabe eine Größe von 20 ha und einen Verkehrswert von 600.000 € (20 ha × 2 €/m² = 400.000 € zzgl. 200.000 € Hofstelle).

Berechnen Sie die Abfindungsergänzungsansprüche der weichenden Erben.

Lösung:

- Erlös: 100.000 € (5.000 € × 20 €/m²).
  - abzuziehen: Steuerlast (§ 13 Abs. 5 Höfeordnung): 15.000 €, verbleiben 85.000 €
  - Erlösbeteiligung entsprechend den Erbquoten: hier je ¼, also für F, A und C je 21.250 €.
  - Abzüglich anteiliger Vorempfänge:
    - F hat als Hofabfindung 18.750 € erhalten, A 22.083 €, C 10.083 €.
    - Da Hof nur teilweise veräußert wird (5.000 m² von 20 ha) können Abfindungen auch nur teilweise berücksichtigt werden, nämlich im Verhältnis der Verkehrswerte des gesamten Hofes zu dem des veräußerten Teils. Hier: gesamter Hof 600.000 €, veräußerter Teil 10.000 € (5.000 m² × 2 €/m²). Somit Berücksichtigung der Vorempfänge von nur 1/60.
    - Berücksichtigung bei F: 312,50 € (18.750 ÷ 60), Nachabfindung also 20.937,50 € (21.250 − 312,50).
    - A: Berücksichtigung von 368 € (22.083 ÷ 60). Somit Nachabfindung: 20.882 € (21.250 − 368).
    - C: Berücksichtigung von 168 € (10.083 ÷ 60), somit Nachabfindung: 21.082 € (21.250 − 168).

E. Landesrechtliche Anerbengesetze

An weiteren Anerbengesetzen in anderen Bundesländern sind mit einigen Besonderheiten zu erwähnen:

I. Baden-Württemberg

In Baden-Württemberg besteht das Badische Hofgütergesetz und das Württembergische Anerbengesetz. Letzteres ist mit dem 31. Dezember 2000 außer Kraft getreten, es sei denn, der Erblasser war vor dem 01. Januar 1930 geboren.[86]

Das Badische Hofgütergesetz (vom 20. August 1898) betrifft „geschlossene Hofgüter". Das Gesetz regelt in § 7 eine Rangfolge der Anerben, nämlich in erster Linie die Kinder, in zweiter Linie der Ehegatte, in dritter Linie die Eltern, in vierter Linie die Geschwister des Erblassers. Gemäß § 10 ist der Anerbe berechtigt, das Hofgut zu dem Ertragswert zu übernehmen. Insoweit bestehen Parallelen zu § 2049 BGB, dem Landguterbrecht. Gemäß § 23 besteht ein Anspruch der Miterben auf Berichtigung der Auseinandersetzung, wenn der Anerbe innerhalb von 10 Jahren nach dem Erbfall das übernommene Hofgut zu einem den Ertragswert übersteigenden Preis verkauft (Nachabfindungstatbestand).

Das Württembergische Anerbengesetz (vom 14. Februar 1930) betrifft „Anerbengüter", welche in der Höferolle des zuständigen Grundbuchamts eingetragen sind (Artikel 1). Das Gesetz weist insoweit Parallelen zur nordwestdeutschen Höfeordnung auf, als gemäß Artikel 3 das Anerbengut als Teil der Erbschaft nur einem der Erben, dem Anerben, zufällt, nicht also in das Gesamthandsvermögen der Erbengemeinschaft fällt (Sonderrechtsnachfolge). Gemäß Artikel 3 Abs. 2 tritt im Verhältnis der Miterben zueinander an die Stelle des Anerbenguts der Gutswert. Dieser wird gemäß Artikel 4 durch Multiplikation des jährlichen Reinertrags mit dem Multiplikator 20 ermittelt.

Wie auch die nordwestdeutsche Höfeordnung und das Badische Hofgütergesetz bestimmt Artikel 8 des Württembergischen Anerbengesetzes, dass in erster Linie die Kinder des Erblassers, in zweiter Linie der Ehegatte, in

---

[86] GBl. BW 1996, 29.

dritter Linie die Eltern, in vierter Linie die Geschwister des Erblassers zu Anerben berufen sind.

Die Miterben erhalten entsprechend ihren Erbquoten ihren Anteil vom Gutswert vom Anerben. Artikel 11 bestimmt, dass diese Anteile in 10 jährlichen Teilbeträgen zu bezahlen sind. Wird das Anerbengut innerhalb eines Zeitraums von 15 Jahren nach dem Erbfall veräußert, können die Miterben und Pflichtteilsberechtigten Nachabfindung verlangen, also Zahlung der Beträge, um die sich ihre Ansprüche erhöht hätten, wenn bei der früheren Erbauseinandersetzung der Veräußerungserlös zugrunde gelegt worden wäre.

II. Bremen

In Bremen galt das Bremische Höfegesetz, welches mit Ablauf des 31. Dezember 2009 außer Kraft getreten ist.

Voraussetzung der Geltung des Gesetzes war die Eintragung der Grundbesitzung in die Höferolle (§ 1). Wie die nordwestdeutsche Höfeordnung so regelte das Bremische Höfegesetz, § 9, eine Sonderrechtsnachfolge: Wenn zum Nachlass ein Hof gehörte, fiel er als Teil der Erbschaft nur einem Erben, dem Anerben, zu. Gemäß § 14 wurde bei der Erbauseinandersetzung der Hofeswert mit dem jährlichen Reinertrag, multipliziert mit 25, angesetzt (Ertragswert). Gemäß § 16 konnten jedoch unter bestimmten Voraussetzungen Ausnahmen gemacht werden, indem der Verkehrswert/Verkaufswert angesetzt wurde.

Eine Nachabfindungsvorschrift fand sich in § 29: Wurde der Hof innerhalb von 10 Jahren nach dem Eigentumsübergang auf den Anerben veräußert, so hatte der Anerbe den Betrag, um den der Erlös den Hofeswert überstieg, „nachträglich in die Erbmasse einzuwerfen".

III. Hessen

In Hessen gilt die Hessische Landgüterordnung (vom 01. Dezember 1947) für die in die Landgüterrolle eingetragenen Landgüter, § 1. Die inhaltlichen Regelungen entsprechen eher dem Landguterbrecht, § 2049 BGB, denn § 11 der Hessischen Landgüterordnung regelt, dass bei der Erbteilung einer der Miterben berechtigt ist, das Landgut zu übernehmen. Einigen sich die

Beteiligten über die Person des Gutsübernehmers nicht, kann auf Antrag das Landwirtschaftsgericht gemäß § 14 den Gutsübernehmer bestimmen. Dies entspricht dem Verfahren im Grundstücksverkehrsgesetz.

Gemäß § 16 wird der Wert des Landgutes mit dem Ertragswert aus § 2049 BGB angesetzt, der Multiplikator beträgt 25.

Es findet sich in § 18 auch eine Nachabfindungsvorschrift, indem angeordnet wird, das, falls der Gutsübernehmer binnen 15 Jahren nach dem Erwerb des Landguts durch Veräußerung oder auf andere Weise, „die den Zwecken der Übernahme fremd ist", erhebliche Gewinne erzielt, er den Mehrerlös mit den Miterben zu teilen hat.

IV. Rheinland-Pfalz

In Rheinland-Pfalz gilt das „Rheinland-Pfälzische Landesgesetz über die Höfeordnung" vom 18. April 1967 für in die Höferolle eingetragene Höfe (§ 2). Die Regelungen entsprechen eher denen der nordwestdeutschen Höfeordnung, es gilt also ein Sondererbrecht für Höfe im Sinne dieser Höfeordnung, § 14. Danach fällt der Hof als Teil der Erbschaft kraft Gesetzes nur einem Erben zu. An die Stelle des Hofes tritt im Verhältnis der Miterben untereinander der Wert des Hofes, § 21. Dieser wird mit dem Ertragswert aus § 2049 BGB angesetzt, dem 25fachen des jährlichen Reinertrags. Den weichenden Erben steht gemäß § 21 Abs. 1 gegen den Hoferben ein Anspruch auf Zahlung eines Geldbetrages zu, der dem Anteil der Erbquote am Hofeswert entspricht.

Nach § 26 ist der Hoferbe verpflichtet, die Miterben nachabzufinden, falls innerhalb von 15 Jahren nach dem Hofanfall der Hofvermerk gelöscht oder der Hof veräußert wird.

F. Agrarspezifisches Verfahrensrecht

Agrarspezifische Besonderheiten im Verfahrensrecht ergeben sich aus der Anwendung des „Gesetzes über das gerichtliche Verfahren in Landwirtschaftssachen" (LwVG) vom 21. Juli 1953 (welches durch Art. 43 des FGG-Reform-Gesetzes vom 17. Dezember 2008 geändert wurde, BGBl. I, S. 2586). Gemäß § 1 dieses Gesetzes gilt es u. a. in den Verfahren aufgrund der Vorschriften über

- die gerichtliche Zuweisung eines Betriebes nach Grundstücksverkehrsgesetz (Nr. 2),
- das Anerbenrecht einschließlich der Versorgungsansprüche bei Höfen, Hofgütern, Landgütern und Anerbengütern (Nr. 5), und
- Angelegenheiten, die mit der Aufhebung der früheren Vorschriften über Erbhöfe zusammenhängen (Nr. 6).

Dies hat zur Folge, dass je nach oben angeführten Rechtsmaterien – Landguterbrecht, grundstücksverkehrsrechtliches Zuweisungsverfahren, Höfeordnung, landesrechtliche Anerbengesetze – zu entscheiden ist, ob ein Streit vor den allgemeinen Prozess- und Nachlassgerichten oder den Landwirtschaftsgerichten auszutragen ist.

Gemäß § 2 LwVG sind bei den o. g. Verfahren im ersten Rechtszug die Amtsgerichte als Landwirtschaftsgerichte ausschließlich zuständig, im zweiten Rechtszug die Oberlandesgerichte, im dritten Rechtszug der Bundesgerichtshof.

Abweichend ist auch die Besetzung der Gerichte: Gemäß § 2 Abs. 2 LwVG ist das Amtsgericht in der Besetzung von einem Richter beim Amtsgericht als Vorsitzendem und zwei ehrenamtlichen Richtern, das Oberlandesgericht in der Besetzung von 3 Mitgliedern des Oberlandesgerichts mit Einschluss des Vorsitzenden und zwei ehrenamtlichen Richtern, der Bundesgerichtshof in der Besetzung von 3 Mitgliedern des Bundesgerichtshofes mit Einschluss des Vorsitzenden und zwei ehrenamtlichen Richtern tätig.

Gemäß § 9 LwVG ist in den o. g. Angelegenheiten des § 1 Nr. 2, Nr. 5 und 6 LwVG das FGG, bzw. (ab 01. September 2009 – Art. 111 FGG-Reform-Gesetz) das FamFG anzuwenden. Es handelt sich also um ein Verfahren der freiwilligen Gerichtsbarkeit. Entscheidend dafür, ob FGG oder FamFG anzuwenden ist, ist, ob das Verfahren vor oder ab 1. September

2009 eingeleitet wurde. Es gilt dann FGG oder FamFG für alle nachfolgenden Instanzen.

Nach § 15 Abs. 1 LwVG hat das Gericht auf Antrag eines der Beteiligten eine mündliche Verhandlung anzuordnen, nicht jedoch vor dem *BGH.* Die mündliche Verhandlung ist für bis 31.08.2009 eingeleitete Verfahren öffentlich,[87] danach gemäß § 170 GVG nichtöffentlich. Das Gericht kann die Öffentlichkeit zulassen, nicht jedoch gegen den Willen eines Beteiligten, § 170 Abs. 1 Satz 2 GVG.

Das Gericht entscheidet durch Beschluss, der zu begründen ist (§ 21 Abs. 1 LwVG a. F., § 38 FamFG). Die Entscheidung wird den Beteiligten durch Zustellung des begründeten Beschlusses (§ 21 Abs. 2 LwVG a. F., § 16 Abs. 2 FGG) oder durch Verkündung des in vollständiger Form abgefassten Beschlusses in Gegenwart der Beteiligten (§ 16 Abs. 3 FGG) bekannt gemacht, bzw. – nach FamFG – durch Zustellung nach §§ 166 ff. ZPO, so § 15 Abs. 2 FamFG.

Gemäß § 21 Abs. 2 LwVG a. F., § 39 FamFG sind die Beschlüsse mit einer Rechtsmittelbelehrung den Beteiligten zuzustellen, und zwar auch dann, wenn sie verkündet worden sind.[88]

Gegen den erstinstanzlichen Beschluss des Landwirtschaftsgerichtes findet bei Verfahren, die vor dem 1. September 2009 eingeleitet wurden, als Rechtsmittel die sofortige Beschwerde an das OLG statt (§ 22 Abs. 1 LwVG a. F.). Die Einlegungsfrist beträgt 2 Wochen, sie beginnt mit Zustellung des mit der Rechtsmittelbelehrung versehenen Beschlusses, jedoch spätestens fünf Monate nach seiner Zustellung (§ 21 Abs. 2 LwVG a. F., § 22 Abs. 1 FGG). Die Beschwerde ist gemäß § 21 FGG durch Einreichung einer Beschwerdeschrift beim Landwirtschaftsgericht oder beim *OLG* oder zu Protokoll der Geschäftsstelle des Landwirtschaftsgerichts oder des *OLG* einzulegen. Es gibt keinen Anwaltszwang.

Wurde ein Verfahren ab 1. September 2009 eingeleitet, findet gegen den erstinstanzlichen Beschluss die Beschwerde an das *OLG* statt (§ 58 FamFG). Sie ist binnen einer Frist von einem Monat ab Bekanntgabe des

---

[87] BGHZ 124, 204.

[88] *Barnstedt/Steffen,* § 21 LwVG, Rz. 30.

Beschlusses einzulegen, § 63 FamFG, und zwar bei dem Landwirtschaftsgericht, § 64 FamFG.

Die Beschwerde kann gemäß § 23 FGG/§ 65 Abs. 3 FamFG auch auf neue Tatsachen und Beweise gestützt werden. Im Beschwerdeverfahren gilt das Schlechterstellungsverbot (reformatio in peius).[89]

Die Hauptsacheentscheidungen des *OLG* können nach altem und nach neuem Recht mit der Rechtsbeschwerde vor dem *BGH* angefochten werden. Diese ist binnen eines Monats durch Einreichung einer Beschwerdeschrift beim *BGH* einzulegen (§ 25 Abs. 1 LwVG, § 71 FamFG). Die Rechtsbeschwerde ist binnen eines Monats nach Einlegung zu begründen (§ 26 Abs. 2 LwVG a. F., § 71 Abs. 2 FamFG). Es gilt gemäß § 29 LwVG a. F., § 10 Abs. 4 FamFG Anwaltszwang.

Hinsichtlich der Kosten ist auf §§ 44, 45 LwVG hinzuweisen. Im Regelfall erfolgt im Verfahren erster Instanz keine Erstattung außergerichtlicher Kosten.

1. Landguterbrecht

Sämtliche erbrechtliche Streitigkeiten im Zusammenhang mit §§ 2049, 2312 BGB, auch z. B. die Frage, ob der fragliche Grundbesitz Landguteigenschaft hat, sind nicht vor dem Landwirtschaftsgericht, sondern vor dem allgemeinen Prozess- und Nachlassgericht auszutragen. Insoweit handelt es nicht um Anerbenrecht im Sinne des § 1 Nr. 5 LwVG. Verfahrensrechtliche Besonderheiten bestehen im Landguterbrecht folglich nicht.

2. Zuweisungsverfahren nach Grundstücksverkehrsgesetz

Gemäß § 1 Nr. 2 LwVG ist für das Zuweisungsverfahren nach Grundstücksverkehrsgesetz das LwVG i. V. m. den Vorschriften des FGG/FamFG einschlägig. Darunter fallen auch die Abfindungs- und Nachabfindungsansprüche der weichenden Erben gemäß §§ 16, 17 Grundstücksverkehrsgesetz.

Da die Zuweisung eines Betriebes einschließlich der Regelung der Abfindungen nicht nur im öffentlichen, sondern auch im privaten Interesse der Erben liegt, handelt es sich um ein sog. „Streitverfahren der freiwilligen Ge-

[89] *Dingerdissen,* a. a. O., Rz. 67.

richtsbarkeit“. Die Vorschriften der ZPO können daher in weitem Umfang sinngemäß angewendet werden, obgleich § 9 LwVG die Vorschriften des FGG/FamFG für sinngemäß anwendbar erklärt. Die ZPO-Vorschriften gelten, sofern das FGG/FamFG keine einschlägigen Vorschriften enthält.[90] Somit sind z. B. widerstreitende Anträge zulässig, an die das Gericht gebunden ist.[91] Auch die ZPO-Vorschriften über die Beweisaufnahme gelten sinngemäß. Eine Beweislast kennt das FGG-/FamFG-Verfahren nicht.[92] Das Gericht ist folglich an die Beweisanträge der Beteiligten nicht gebunden. Es hat unter Beachtung des Untersuchungsgrundsatzes den Sachverhalt aufzuklären und eine Beweisaufnahme nach freiem Ermessen durchzuführen. Bestehen danach Zweifel an bestimmten Tatsachen, hat derjenige die Folgen zu tragen, den insoweit die Feststellungslast trifft.[93]

Im Verfahren über die gerichtliche Zuweisung nach Grundstücksverkehrsgesetz können sich die Beteiligten jederzeit einverständlich über den landwirtschaftlichen Betrieb auseinandersetzen und diese Einigung in Form eines Vergleichs protokollieren lassen. Erfolgt eine gerichtliche Zuweisung, richtet sich der Geschäftswert des Verfahrens gemäß § 36a LwVG, 18 Abs. 3, 19 Abs. 4 KostO nach dem Vierfachen des Einheitswertes des Betriebes. Endet das Verfahren jedoch ohne Zuweisung des Betriebes, z. B. durch Zurücknahme des Antrages, ist der Geschäftswert gemäß § 36a Abs. 2 LwVG, § 30 KostO nach billigem Ermessen zu schätzen. Maßgeblich ist dann das wirtschaftliche Interesse des Antragstellers an der Zuweisung.[94]

Hinsichtlich des Nachabfindungsanspruchs nach § 17 Grundstücksverkehrsgesetz gilt, dass auch dieser noch Teil des gerichtlichen Zuweisungsverfahrens ist. Auch für ihn ist deshalb gemäß § 1 Nr. 2 LwVG das Landwirtschaftsgericht zuständig, welches auf Antrag tätig wird und im streitigen FGG-/FamFG-Verfahren entscheidet.

---

90 *Dingerdissen,* a. a. O., Rz. 62.

91 *Barnstedt/Steffen,* § 14 Rn. 18.

92 *Barnstedt/Steffen,* § 15 Rn. 26 ff.

93 *Barnstedt/Steffen,* § 15 LwVG, Rn. 26 ff.

94 *OLG Stuttgart,* Agrarrecht 1977, 234; *OLG Celle,* Agrarrecht 1974, 177.

3. Nordwestdeutsche Höfeordnung

Gemäß § 18 Höfeordnung sind für die Entscheidung über alle Anträge und Streitigkeiten, die sich bei Anwendung der Höfeordnung ergeben, sowie aus „Abmachungen der Beteiligten hierüber" die im LwVG genannten Gerichte ausschließlich zuständig. Dies gilt gemäß Abs. 2 auch für die Entscheidung der Frage, wer kraft Gesetzes oder kraft Verfügung von Todes wegen Hoferbe eines Hofes geworden ist, und für die Ausstellung eines Erbscheins. In Verbindung mit § 1 Nr. 5 LwVG ist damit klar, dass die Landwirtschaftsgerichte für höferechtliche Streitigkeiten zuständig sind.

Besonders geregelt ist das Verfahrensrecht in der „Verfahrensordnung für Höfesachen" (Höfeverfahrensordnung) vom 29. März 1976. Auch § 1 Höfeverfahrensordnung bestimmt ausdrücklich, dass auf das Verfahren in Höfesachen die Vorschriften des LwVG anzuwenden sind, soweit nicht die Höfeverfahrensordnung anderes bestimmt.

Höfesachen sind danach „Angelegenheiten, auf die die in den Ländern Hamburg, Niedersachsen, Nordrhein-Westfalen und Schleswig-Holstein geltenden höferechtlichen Vorschriften anzuwenden sind".

Von besonderer praktischer Bedeutung sind insoweit die Feststellungsverfahren nach § 11 Höfeverfahrensordnung. Danach kann auf Antrag eines Beteiligten, der ein rechtliches Interesse an der Entscheidung glaubhaft macht, das Landwirtschaftsgericht im Wege eines besonderen Feststellungsverfahrens entscheiden,

a) ob ein Hof im Sinne der höferechtlichen Vorschriften vorliegt oder vorgelegen hat,
b) ob ein Hof ein Ehegattenhof im Sinne der höferechtlichen Vorschrift ist oder war,
c) ob ein Gegenstand Bestandteil oder Zubehör eines Hofes ist,
d) ob ein Hoferbe wirtschaftsfähig ist,
e) ob für die Erbfolge in einen Hof Ältesten- oder Jüngstenrecht gilt,
f) von wem der Hof stammt,
g) wer nach dem Tode des Eigentümers eines Hofes Hoferbe geworden ist,
h) über sonstige nach den höferechtlichen Vorschriften bestehende Rechtsverhältnisse.

Der besondere Vorzug des Feststellungsverfahrens nach § 11 Höfeverfahrensordnung besteht gemäß § 12 Höfeverfahrensordnung darin, dass die

Entscheidung in Rechtskraft erwächst. § 12 Abs. 1: „Ist im Feststellungsverfahrens rechtskräftig entschieden worden, so können diejenigen, die sich am Verfahren beteiligt haben oder von dem Verfahren benachrichtigt worden sind, einen neuen Antrag nicht auf Tatsachen gründen, die in dem früheren Verfahren geltend gemacht worden sind oder von ihnen dort hätten geltend gemacht werden können."

Dies ist von besonderer Bedeutung, weil ein Erbschein (im Höferecht wird er „Hoffolgezeugnis" genannt) wie jeder andere Erbschein gemäß § 2365 BGB nur die – widerlegbare (!) – Vermutung begründet, dass die genannte Person Hoferbe ist. Eine Rechtskraftwirkung fehlt. Diese kann nur der vorgenannte Feststellungsbeschluss gemäß § 11 Abs. 1g, § 12 Höfeverfahrensordnung entfalten.[95]

Für die Erteilung des Hoffolgezeugnisses und des Erbscheins über das hofesfreie Vermögen ist gemäß §§ 1 Nr. 5 LwVG, 1 Höfeverfahrensordnung ausschließlich das Landwirtschaftsgericht zuständig. Die Eintragung des Hoferben im Grundbuch kann nur aufgrund eines Hoffolgezeugnisses oder eines rechtskräftigen Hoferben-Feststellungsbeschlusses erfolgen. Die Vorlage eines notariellen Testaments oder eines vom Nachlassgericht ausgestellten Erbscheins genügen insoweit nicht,[96] denn es ist über die Wirtschaftsfähigkeit des Hoferben im gerichtlichen Verfahren zu befinden.

Der Geschäftswert richtet sich gemäß § 19 Abs. 4 KostO nach dem vierfachen Einheitswert.

4. Landesrechtliche Anerbengesetze

Die oben erwähnten landesrechtlichen Anerbengesetze in Baden-Württemberg, Bremen, Hessen und Rheinland-Pfalz sind nicht per se „Anerbenrecht" im Sinne von § 1 Nr. 5 LwVG, sodass eine Zuständigkeit der Landwirtschaftsgerichte gegeben wäre. Dies entscheidet sich vielmehr spezialgesetzlich nach den Anerbenrechten selbst.

---

[95] *OLG Celle,* RdL 2003, 100.

[96] *OLG Köln,* Agrarrecht 2000, 122.

a) Baden-Württemberg: Sowohl nach dem Badischen Hofgütergesetz wie auch dem Württembergischen Anerbengesetz besteht keine Zuständigkeit des Landwirtschaftsgerichts.[97]
b) Das Bremische Höfegesetz begründete eine Zuständigkeit des Landwirtschaftsgerichts nach § 17 nur für Schätzungen bei der Erbteilung.
c) Hessen: Die Hessische Landgüterordnung begründet eine Zuständigkeit des Landwirtschaftsgerichts nur für bestimmte, dort aufgeführte Angelegenheiten. Dazu zählt die Führung der Landgüterrolle, die Entgegennahme der Eintragungs- und Löschungsanträge, die Entscheidung darüber, ob entgegen eines ablehnenden Bescheides der landwirtschaftlichen Verwaltung die Größe einer Ackernahrung vorliegt oder die Bestimmung der Person des Gutsübernehmers. Ferner die Festsetzung des Werts des Landguts, die Zugehörigkeit einzelner Gegenstände zum Gutsinventar, die Erhöhung oder Herabsetzung von Versorgungsansprüchen, die Festsetzung der Abfindung einzelner Erben, etc.[98]
d) Rheinland-Pfalz: Auch das „Landesgesetz über die Höfeordnung" regelt nur für bestimmte Angelegenheiten eine Zuständigkeit des Landwirtschaftsgerichts. Dazu zählt die Berufung der Beisitzer des Höfeausschusses, die Entgegennahme der Einigungserklärung der Eltern des Erblassers, aber auch verschiedene Entscheidungen, so über Löschungsanträge, über die Herabsetzung von Abfindungsansprüchen oder die Bestimmung von Zahlungszielen, die Verlängerung, Beschränkung oder Aufhebung des Rechts der Verwaltung und Nutznießung des überlebenden Ehegatten und die Regelung des Altenteils des überlebenden Ehegatten.[99]

---

97 *Barnstedt/Steffen,* a. a. O., § 1 Rz. 143 f.
98 Siehe im Einzelnen *Barnstedt/Steffen,* a. a. O., § 1, Rz. 172.
99 Siehe *Barnstedt/Steffen,* a. a. O., § 1 Rz. 187.

Literaturverzeichnis

Piltz, Bewertung landwirtschaftlicher Betriebe bei Erbfall, Schenkung und Scheidung, 1999.

Schmitte/Thies/Niebuhr, „Was bei einer Scheidung aus dem Hof wird“, top agrar 2003, 48.

Dingerdissen in: Frieser, Fachanwaltskommentar Erbrecht, 3. Auflage, 2011.

Münchener Kommentar zum Bürgerlichen Gesetzbuch, 5. Auflage, 2007.

Wöhrmann, Das Landwirtschaftserbrecht, Kommentar, 9. Auflage, 2008.

Lange/Wulff/Lüdtke-Handjery, Höfeordnung, Kommentar, 10. Auflage, 2001.

Netz, Grundstücksverkehrsgesetz, Kommentar, 2002.

Leitfaden DGAR, Leitfaden für die Ermittlung des Ertragswertes landwirtschaftlicher Betriebe, Deutsche Gesellschaft für Agrarrecht, AgrarR 1994, S. 5 ff.

Barnstedt/Steffen, Landwirtschaftsverfahrensgesetz, Kommentar, 7. Auflage, 2005.

Palandt, Bürgerliches Gesetzbuch, Kommentar, 69. Auflage, 2010.